AF543880

Sora Lella

Sora Lella
16
16
BEVETE
Coca-Cola
CINZA

TABACCHI
VALORI BO

Renato, Mauro, Simone, Elena Trabalza
mit Francesca Romana Barberini

La Cucina Romana

Die Trattoria-Küche der Sora Lella

Aus dem Italienischen ins Deutsche übertragen
von Claudia Theis-Passaro

ars vivendi

Deutsche Erstausgabe

1. Auflage 2024

Bauhof 1, 90556 Cadolzburg

www.arsvivendi.com

Deutsche Übersetzung: Claudia Theis-Passaro
Lektorat: Dr. Katrin Korch
Korrektorat: Denise Maurer
Satz: ars vivendi
Cover: ars vivendi
Druck und Bindung: Dardedze, Riga

Printed in the EU

ISBN 978-3-7472-0591-4

Titel der italienische Originalausgabe:
Annamo bene – la cucina romana di Sora Lella

www.giunti.it

Die kursiv gedruckten Texte im Abschnitt »Geschichte der Trattoria« in diesem Band stammen aus dem Buch *Il mio amico albero di fico* von Aldo Trabalza. Abdruck mit freundlicher Genehmigung der Rechteinhaber.
Das Gedicht »Le mie ragioni« auf Seite 217 stammt aus dem Buch *Stati d'animo* von Aldo Trabalza.
Abdruck mit freundlicher Genehmigung der Rechteinhaber.
Illustrationen: Simone Montozzi
Fotografie: Marco Varoli (sofern nicht anders angegeben)
Fotonachweis:
© Archivio Giunti / © Marco Varoli
Ausnahmen: S. 23, 24, 31, 32: Mit freundlicher Genehmigung der Familie Trabalza
S. 17, 213: © 2022 Cinecittà Luce / Scala, Firenze
S. 14: © Reporters Associati & Archivi / Mondadori Portfolio

LA CUCINA ROMANA

L·FABRICIVS·C·F·CVR·VIAR
FACIVNDVM COERAVIT

INHALT

DAS FÜNFTE VIERTEL 82

PECORINO ROMANO 100

SCHWEINEBÄCKCHEN 114

FLEISCH 128

DER GEMÜSEGARTEN 148

FISCH 166

DER HÜHNERSTALL 182

SÜSSSPEISEN 200

»Sora Lè, jetzt habe ich Fleischeintopf mit Tomate und Kartoffel gemacht, aber mein Sohn will es nicht essen, er meint, das schmeckt ihm nicht. Aber ich hab doch dafür viel Geld ausgegeben, was soll ich denn jetzt machen? Ich kann das doch nicht wegwerfen.«

»Hör mal, meine Liebe, meinem Sohn hat das auch nie geschmeckt, und weißt du, was ich dann gemacht habe? Ich habe alles durch den Fleischwolf gedreht und dann Fleischbällchen in Tomatensauce daraus gemacht, so hat er alles verschlungen. Mach's so, glaub mir!«

LA NONNA DI TUTTI

Elena Fabrizi, für alle Römer, aber auch für alle Italiener Sora Lella, wird immer eine der eindrücklichsten Persönlichkeiten der Ewigen Stadt bleiben. In ihrem Gesicht, ihrer körperlichen Erscheinung, ihrem bedächtigen und schaukelnden Gang, ihrer Art zu reden, gespickt mit dialektalen, oft altmodisch klingenden Ausdrücken, verschmolzen alle Elemente einer echten Frau aus der Mitte des Volkes vergangener Zeiten. Ihre Lebensweisheit, ihre Fröhlichkeit, aber auch ihre Genervtheit, philosophisch anmutende Resignation, Schlagfertigkeit und ihr schlitzohriger Blick führten dazu, dass man sie mit jenen Matronen des alten Roms, wie sie in Fellinis ersten Filmen so gut dargestellt wurden, identifizieren konnte.

Warum war sie bei allen so beliebt? Die Antwort ist einfach: Sie war die *nonna*, die alle gernhatten. Sie strahlte Sicherheit aus, gesunden Menschenverstand und Geborgenheit. Eine Großmutter, die die Armut kennengelernt hatte und die harte Arbeit hinter einem Gemüsestand auf dem Campo de' Fiori, die schlechten Seiten des Lebens (den Krieg) ebenso wie die schönen (die ersehnte Eröffnung einer Trattoria). Sora Lellas Geschick und ihre Kreativität in der Küche waren sprichwörtlich. Nichts war trivial, nicht einmal ein Standardgericht wie *cicoria ripassata*. Sie hatte immer ein Ass im Ärmel, um auch aus den einfachsten Zutaten ein besonderes Gericht zu zaubern.

Während sie mit mir *Bianco, Rosso e Verdone* und *Acqua e Sapone* drehte (was ihr den David-di-Donatello-Preis einbrachte), entwickelte sich zwischen uns eine enge Freundschaft. Sie hatte mich zu ihrem Enkel des Herzens auserkoren, und es war mir – mindestens einmal in der Woche – eine Pflicht und ein Vergnügen, auf ein paar Worte bei ihr vorbeizuschauen. Ich traf sie immer entweder draußen vor dem Restaurant auf der Tiberinsel oder hinter der Theke in der Küche an, wo sie ihr Gemüse putzte. Ich ging zu ihr rüber und wir erzählten uns, was in der vergangenen Woche so los gewesen war. Ich stellte ihr viele Fragen über das Rom von früher, die Zeit des Krieges, die vielen Kardinäle, die ihr Restaurant besuchten, die hohen Trinkgelder, die diese Würdenträger dem Koch und dem Kellner hinterließen.

Über ihren Bruder Aldo, den großen Schauspieler seiner Zeit, hatte sie, als hingebungsvolle Schwester, immer etwas Nettes zu sagen. Womit sie ihm jene schroffe und kritische Art ihr gegenüber verzeiht. »Er ist ein *brontolone*, ein ewiger Nörgler … Aber man muss das verstehen, große Schauspieler haben nun mal einen schwierigen Charakter. Vielleicht ist er auch etwas neidisch … Wer weiß das schon. Aber man muss ihn einfach gernhaben, er hat den Menschen so viel gegeben.« Und damit war das Thema für sie abgehakt. Sora Lella war eine wahre Schatztruhe historischer Erinnerungen Roms: Voller poetischer, dramatischer, komischer Ereignisse, die Jahrzehnte der Verwandlung unserer Stadt überspannen.

Wir werden sie immer dafür lieben, dass sie uns die wahre Menschlichkeit und die große Würde einer einfachen Frau aus dem Volk demonstriert hat, und sie wird immer eine der authentischsten Stimmen jenes Roms besserer Zeiten bleiben.

Carlo Verdone (Regisseur und Schauspieler)

DIE GESCHICHTE DER TRATTORIA

La storia della trattoria

BEVETE
Coca-Cola

CINZA

TABACCHI
VALORI

Von **Francesca Romana Barberini –**
im Gespräch mit
Renato, Mauro, Simone und **Elena Trabalza**
und mit Zitaten aus dem Buch von **Aldo Trabalza**
»Il mio amico albero di fico«

Es gibt kulinarische Geschichten, die die Geschichten einer Stadt sind, einer Kultur, einer Epoche (oder mehrerer Epochen, wenn die Geschichte lang ist!). Es sind Ereignisse, die mit gastronomischem und unternehmerischem Erfindungsreichtum zu tun haben, Ereignisse, die von der Liebe berichten können, von der Arbeit und vom Leben. Abenteuer, die die Notwendigkeit des Überlebens verbinden mit der Freude an neuen Ideen, an appetitlich duftenden Gerichten einer Küche und unerwarteten Bildern von Film und Fernsehen, des Alltags einer römischen Familie und der Geschichte Italiens. Dies ist die Geschichte der Trattoria *Sora Lella*, einer Gaststätte (im wahrsten Sinne des Wortes), die derart in ihrer Umgebung verwurzelt ist, dass sie zu deren Spiegel und Sprachrohr geworden ist. Die Geschichte einer Frau und ihrer Familie, die, anfangs aus der Notwendigkeit heraus, dann, weil sie das Geschick dazu hatte, die typisch römische Küche verkörpert hat und bis heute verkörpert – und dies nicht nur im Hinblick auf die gebotenen Gerichte, deren Geschmack und Aromen, deren Zutaten und Verarbeitung, sondern auch in Bezug auf die gelebte Gastfreundschaft, ihre Beziehung zur Stadt und zu den Menschen, die hier unterwegs sind.

Dies ist die Geschichte einer ganz normalen römischen Familie, die zum Symbol wurde für eine bestimmte Vorstellung von Rom. Im wahrsten Sinne des Wortes würde ich sogar sagen. Und offensichtlich ist es keine Geschichte, bei der es nur um die Küche geht: Die Geschichte hat sehr viel mit Rom zu tun – da sind die Märkte und der Schlachthof, der Fluss und die Felder, auf denen mit den Jahren immer mehr Häuser entstanden, da ist die Farbe von Travertin und der *ponentino*, die frische, leichte Sommerbrise, die vom Tyrrhenischen Meer in die Stadt weht. Und dann der Krieg und der Wiederaufbau, das Ende eines Jahrhunderts und der Beginn eines neuen, Kino, Fernsehen und Fußball pur, der frühe Weg zur Arbeit und Sonntagsausflüge, Familienrituale und schließlich Wünsche und Bedürfnisse, Schwierigkeiten und Hoffnungen. Wir sind mitten in Rom, im Herzen, an einem Ort, der selbst uns Römern und Römerinnen zuweilen unwirklich erscheint, aber anders als die *isola che c'è*, wie Peter Pans *Neverland* auf Italienisch heißt, eine wirkliche und wahrhaftige Insel ist und alles andere als ein *Nimmerland*.

Als ich das erste Mal die Trattoria betrat, war ich schon eine ganze Weile im Bereich der sogenannten enogastronomia tätig, der Welt der Kulinarik und der Weinkunde, und kannte jenen Ort, die Tiberinsel, die nicht nur für uns Römer mythenumwoben ist. Ich fühlte mich privilegiert, auf eine ganz persönliche Art und Weise mit dieser Geschichte in Berührung gekommen zu sein: Ich hatte Mauro, Elena, Renato und Simone, die Enkelkinder von Sora Lella, in Maiolati Spontini kennengelernt, einem Ort in der Region Marken, wo sie ihre Ferien verbrachten. Wir waren uns auf Anhieb sympathisch und so ist aus der zufälligen Begegnung eine Freundschaft entstanden, die mir von Anfang an das Gefühl vermittelte, im Kreis der Familie zu sein. Ja, denn dies ist besonders typisch für die Trattoria Sora Lella, die familiäre Atmosphäre: das Gefühl von paese, das dich auf der Tiberinsel umgibt – dörfliche Stimmung mitten in der Großstadt. Die Fassade und das Schild, vielen als Teil ferner gemeinsamer Erinnerungen vertraut, die Fotos an den Wänden, die unzählige Geschichten erzählen und dabei doch nichts anderes sind als Familienfotos; Fotos, die an den Wänden jedes beliebigen Hauses hängen könnten. Die überschaubare Größe der Speiseräume, die durch einen schmalen, fast an eine Kellertreppe erinnernden Aufgang auf zwei Stockwerke verteilt sind; die Küchenbereiche, funktional und doch irgendwie heimisch; die schlichte, klassische Einrichtung mit Spitzendeckchen auf der Anrichte, das einfache und doch kostbare Geschirr, so wie früher zu Hause das Sonntagsservice.

Es war gleich so, als wäre ich hier zu Hause, und so erfuhr ich bei vielen von einem guten Glas Wein begleiteten Erzählungen immer mehr über die Geschichte von Lella – Sora Lella – und Renato, ihrem Mann, von ihrem Sohn Aldo (der so hieß wie Lellas Bruder, ebenfalls Aldo – das ist eine Geschichte der immer wiederkehrenden Namen …) und ihren vier Kindern, die heute die Trattoria *sind*. Aldo hat das kulinarische Know-how und die römische Herzenswärme geerbt und all dies seinen Kindern weitergegeben. Und er hat alles in einem Buch festgehalten, *Il mio amico albero di fico* (Mein Freund der Feigenbaum), das er 2007 geschrieben hat. Darin erzählt er von seinem Leben, dem seiner Mutter, des Vaters, des Onkels, von Rom und von der Trattoria, und so macht er uns zu Komplizen all dieser Geschichten und lässt uns an jener Herzenswärme teilhaben.

Und daher machen wir es jetzt so: Stellt euch vor, ihr lauft einfach über den Ponte Fabricio oder den Ponte Cestio auf die Tiberinsel und nehmt in der frischen, sanften Sommerbrise des *ponentino* bei einem schönen Glas Frascati Platz an einem kleinen Tisch vor der Trattoria. Lassen wir die Zeit einfach Zeit sein, sie gewährt uns sowieso keinen Rabatt, und sitzen dort zusammen mit Simone, Mauro, Renato, Elena und auch deren Vater Aldo und ihrer *nonna* Lella mit Renato, ihrem Mann, der kurz vorbeikommt, um uns willkommen zu heißen, sowie Aldo Fabrizi, der uns grüßen lässt. Da sitzen wir also wie eine große Familie, die am Sonntag zusammenkommt und sich unter viel Gelächter und nostalgischen Anflügen Geschichten aus der Vergangenheit erzählt und gemeinsam in die Zukunft blickt, während Erinnerungen wach werden, die verloren schienen, und Sehnsüchte, die bislang geheim geblieben waren.

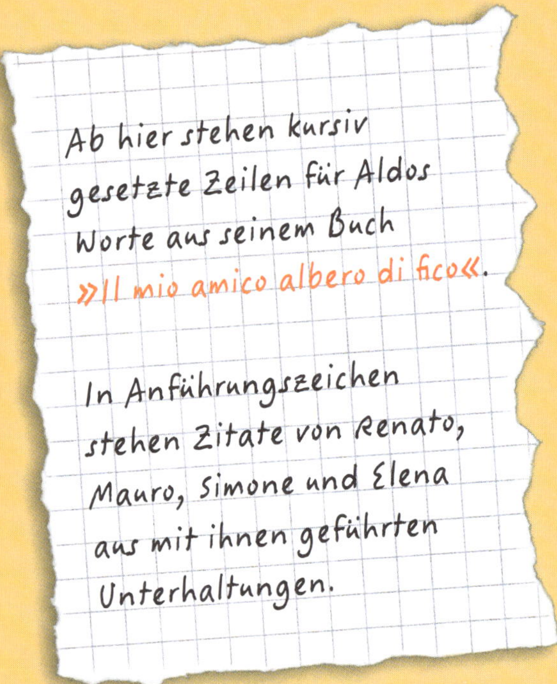

Du wendest dich zu deiner Linken und siehst, es gibt kein Entkommen. Da ist Lellas fester Blick, der in Gedanken ganz woanders zu sein scheint, an wer-weiß-was zurückdenkt, so tief in dich hineinschaut, dass er durch dich hindurch geht. Ein Blick, der tief in sich ruht und dich deshalb wohlfühlen lässt. Ein Blick, jener von *nonna* Lella, der Ruhe und Geborgenheit ausstrahlt, auch in ihren brummigen Momenten, oder wenn er, wie jetzt, zwar etwas finster wirkt, gleichzeitig aber auch so viel Großzügigkeit und Aufrichtigkeit ausstrahlt, dass alles richtig scheint – so sanft, so vertraut.

Jetzt schaut sie dich mit diesem Blick an, der immer ein aufkommendes Lächeln zu verstecken scheint. Und vielleicht zeigt sich das Lächeln in dem Moment, als du sie fragst: Also, wie war das jetzt, wie hat diese Geschichte eigentlich angefangen?

»Eh Chicchè, com'è iniziata 'sta storia? Con me è iniziata, che manco lo sapevo però che sta storia stava a inizià«, würde Sora Lella vielleicht antworten. »Tja, wie hat diese Geschichte angefangen? Mit mir hat sie angefangen, dabei wusste ich gar nicht, dass überhaupt eine Geschichte anfangen würde.« Es ist schwer zu sagen, wann Geschichten wirklich beginnen: Wann finden ihre wichtigsten Momente statt? Wann werden die Hauptdarsteller geboren? In diesem Fall beispielsweise war es so, dass die Trattoria 1940 ihren Anfang nahm, aber die Möglichkeit zu einer Trattoria entwickelte Sora Lella, ob bewusst oder unbewusst, schon einige Jahre zuvor in ihrer kleinen heimischen Küche. Aber vielleicht fängt alles auch noch früher an, mit ihrem Vater und ihrer Mutter, mit dem Erbe jener tiefen Beziehung zu den Aromen und Gerüchen der römischen *cucina povera*, der einfachen Küche, die keine Schule lehren kann, sondern nur das echte Leben auf dem Obst- und Gemüsemarkt, und die Teil von dir wird, sobald du geboren bist.

LELLA

Elena kommt am 17. Juni 1915 in Rom zur Welt. Der Vater, Giuseppe Fabbrizzi (früher schrieb sich der Name mit zwei B und zwei Z), war Fuhrmann mit Pferd und Wagen. Jeden Morgen bei Sonnenaufgang transportierte er das von den Händlern des Stadtviertels bestellte Obst und Gemüse vom Großmarkt auf der Via Ostiense zum Campo de' Fiori. Die Mutter, Angela Petrucci, hatte auf dem Campo de' Fiori ebenfalls einen Stand. Mamma war die letzte von sechs Kindern, einem Jungen, das älteste der Geschwister, und fünf Mädchen. Zwischen meinem Onkel Aldo und meiner Mutter waren zehn Jahre Altersunterschied.

Die Kindheit von Sora Lella war von Armut geprägt und keineswegs einfach: Mit zwei wird sie Halbwaise, nachdem ihr Vater in Folge eines Sturzes während eines Transports an einer Lungenentzündung erkrankt und innerhalb weniger Tage stirbt. Elena hatte keinerlei Erinnerungen an ihren Vater. Ihr Bruder Aldo hört mit der Schule auf, um der Mutter zu helfen und sich um die Schwestern zu kümmern, vor allem um die jüngste, für die er so zum Ersatzvater wird. Aldo wird seiner Schwester immer beistehen, vorsichtig und achtsam, aber auch ermutigend, wenn nötig. Er geht arbeiten und *Mamma* nimmt die kleine Elena mit zum Markt, wo sie sie in einem leeren Korb unterbringt, der normalerweise für die Kartoffeln verwendet wird. *Und während meine Mutter im Korb spielte, pries Nonna*

Nonna Lella beim Strandurlaub an der Adria

Nonna Lella beim Familienpicknick mit Tante Gloria

Angela laut ihre Kartoffeln an: »Che patate ... Kartoffeln aus Viterbo, Leute kommt, macht Kartoffelgnocchi, denn heute ist Donnerstag!«

Dann kommen die 40er-Jahre, in denen Aldo Fabrizi zu einem der größten Schauspieler Italiens wird. Er kann sich um die Mutter und um die Schwester kümmern, die kurz zuvor zusammen mit Lellas Mann Renato ihre Tätigkeit in der Gastronomie aufgenommen haben. Er hält beide von der Welt der Schauspielerei fern, oder besser gesagt, er versucht es um jeden Preis. Lella aber ist fasziniert von dieser Welt und möchte für ihr Leben gern Schauspielerin werden. Obwohl sie einige Rollen in seinen Filmen übernimmt, bleibt sie am Ende doch in der Küche der Trattoria.

Das aber ändert sich, als Carlo Verdone sie dazu ausersieht, die Rolle seiner Großmutter im Film *Bianco, Rosso e Verdone* zu übernehmen, eine Rolle, die ihr den Filmpreis Nastro d'Argento als beste Nachwuchsdarstellerin einbringt, sowie zwei Jahre später im Film *Acqua e Sapone* mitzuwirken, mit dem sie einen David-di-Donatello-Preis als beste Nebendarstellerin gewinnt. *Ab dem Zeitpunkt*, so erzählt Sohn Aldo, *war meine Mutter nicht mehr nur meine Mutter, sie wurde von allen die Schwester, die Tante, die Schwiegermutter, die Mutter und vor allem die nonna, beliebt in ganz Italien, wie ein kostbares Allgemeingut, das es zu schützen galt. Meine Mutter, die sich, dessen bin ich mir heute bewusst, unauslöschlich in die Herzen vieler Menschen eingebrannt hat, erweckte in ihnen den Wunsch, Teil unserer Geschichte zu sein. Tag für Tag kamen Touristen und machten Fotos vor dem Restaurantschild. Eines Tages habe ich ein Pärchen gefragt: »Warum fotografiert ihr euch hier vor dem Lokal?« Sie antworteten mir: »Wenn man nach Rom kommt, macht man doch Fotos vor dem Petersdom, dem Kolosseum und eben Sora Lella.«*

Das ist es, was die Trattoria zu einem lebendigen kleinen Museum macht, ein Erlebnis, mit dem man sich ein Stückchen der Stadt mit nach Hause nehmen und sich als Teil eines Ortes und einer Geschichte fühlen kann. Ich glaube, ich übertreibe nicht, wenn ich behaupte, man war nicht in Rom, wenn man nicht bei *Sora Lella* auf der Tiberinsel eingekehrt ist. Und auf die Spitze treibe ich es, wenn ich sage: Du bist nicht *de Roma*, du bist kein Römer, keine Römerin, wenn du nicht hin und wieder bei *Sora Lella* auf der Tiberinsel isst.

Aber wir greifen gerade zu weit vor – wie begann nun diese Geschichte, die wir heute gemeinsam erleben? Es ist Aldo, der sie uns erzählt, wie ein Historiker oder Journalist ein Ereignis zu Papier bringen möchte, um dann alles in Anekdoten eines Familientagebuchs aufzulösen. Aldo gehört zu jenen Menschen, die an einem Tisch wie dem unseren hier eher still an der Seite sitzen und darauf achten, dass es allen gutgeht, dass ihm ja nichts entgeht, was er für das Wohlbefinden anderer tun könnte – mit einem offenen Lächeln, voller Selbstvertrauen, voller Wissen über die Dinge, ob hinsichtlich der Küche oder des Lebens, und voller Liebe zu seinen Kindern. Ein Mann, der im Reinen mit sich ist, voller Glück und bescheidenem Stolz auf das, was ihm gelungen ist, voller Freude, dass das, was er geschaffen hat, auch nach ihm fortbesteht, und dass er uns noch heute davon erzählen kann.

Meine Eltern begannen ihre Laufbahn als Gastwirte im Jahr 1940. Mein Vater Renato arbeitete als Träger bei der Cooperativa Trasporto Carni, dem städtischen Schlachthof, meine Mutter Elena Fabrizi half ihrer Mutter am Gemüsestand. Die beiden lernten sich am Campo de' Fiori kennen. Meine Mutter war eine sehr gute Köchin. All die Dinge, die mein Vater auf der Arbeit »abschöpfen« konnte, bereitete sie auf leckere Weise zu. Es waren Teile, die nicht verkauft wurden, und alle Träger nahmen damals diese Schnittreste von Fleisch, Innereien, Bries, Darm vom Milchkalb oder -lamm, Schwanz und so weiter mit nach Hause.

ANNAMO BENE!

Der Eigentümer einer Trattoria, in der meine Eltern öfter zu Gast waren, wollte sich aus der Gastronomie zurückziehen. Er war alt geworden, müde und hatte gesundheitliche Probleme. Pietro, so hieß er, kannte die Küche meiner Mutter gut, mehr als einmal war er in ihren Genuss gekommen. Wenn sie abends zu ihm essen gingen, brachte meine Mutter ihm manchmal etwas Besonderes mit, das sie zu Hause zubereitet hatte, und Pietro überschüttete sie dafür mit Komplimenten.

Und so fiel es Pietro nicht schwer, sein Lokal dem jungen Ehepaar zu überlassen. Also, alles da: Schwierige Umstände, aus der Notwendigkeit heraus geborene Kreativität, familiäre Bindung, Freundlichkeit und Großzügigkeit, Geduld und die Fähigkeit, Gelegenheiten am Schopfe zu packen, dazu Intuition und Wissen, Menschlichkeit und Schlichtheit. Und die naturgegebene und eindeutige Liebe zum Essen, die Freude, Neues auszuprobieren und zu genießen. Und auch eine Besessenheit, ein fast vorgreifendes Gefühl dafür, was sich aus dieser Erfahrung heraus entwickeln könnte.

Sie übernahmen eine Trattoria auf der Piazza della Cancelleria, genau vor dem gleichnamigen Palazzo, besser gesagt gegenüber der Chiesa di San Lorenzo in Damaso, wo meine Eltern am 21. April 1935 geheiratet hatten. So entstand 1940 das erste Sora Lella in kulinarischer Hinsicht.

Es sind die Jahre des Krieges: Die Italiener lernen die Lebensmittelkarten kennen, die *carta annonaria*, mit der die Rationierung der für Familien wichtigsten Lebensmittel wie Brot, Nudeln, Fette jeglicher Art und Fleisch durchgesetzt wurde. Und auch die *autarchia*, im Zuge derer die Verwendung nationaler Erzeugnisse wie Weizen und Reis gefördert und alles verboten wurde, was aus dem Ausland kam, wie Zucker und Kaffee. Rom erlebt die Deportationen von Juden, Angst, Armut und Zerstörung durch Bombardierungen.

Das Lokal lief gut. Obwohl Krieg war, kamen viele Kunden, darunter viele Freunde meines Vaters, die mit ihm zusammen als trasteverini – Einwohner des Stadtviertels Trastevere – aufgewachsen waren.

Von der ersten Trattoria sind kaum Spuren erhalten, sie wurde 1946 geschlossen, als es zwischen Elena und Renato immer mehr kriselte. Elena führte danach eine Weile ein Lebensmittelgeschäft in der Via del Pellegrino.

Das Verhältnis zwischen den Eheleuten bleibt einige Jahre turbulent, schließlich versöhnen sie sich aber wieder und beschließen in der zweiten Hälfte der 50er-Jahre, eine neue Trattoria in der Via dei Balestrari aufzumachen, dann noch eine weitere auf der Piazza dei Campani, im Viertel San Lorenzo, bis sie im Jahr 1959 auf der Tiberinsel die *Trattoria dell'Isola* übernehmen. Und so sind wir nun endlich hier an diesem Ort, so mittendrin und doch irgendwie abgelegen, ein Ort vor aller Augen, der doch immer wieder eine Neuentdeckung zu sein scheint.

Angekommen bei der Trattoria dell'Isola trat ich ein, meine Eltern erwarteten mich schon. Es war fast acht Uhr abends am 18. April 1959 und ich sah, dass das Lokal völlig verwaist war, keine Menschenseele war dort. Es war Essenszeit, aber abgesehen von der Trattoria war auch die Insel völlig verlassen. Daheim überkam mich ein Gefühl großer Trostlosigkeit. Es gab einen schon etwas älteren Kellner, er war sicher über 65, mit kahlem Kopf neben dem üblichen grauen Haarkranz. Er trug eine Jacke, die einst weiß gewesen sein musste, mit gräulichen, durchscheinenden Flecken, und die Serviette trug er unter der Achsel. Am auffälligsten an ihm aber waren die riesigen Segelohren. Sie waren so groß, dass er sich wegen dieser physischen Unzulänglichkeit, wenn man es so nennen konnte, den Spitznamen aeroplano (Flugzeug) eingefangen hatte. Und so kam mein Vater, nur vier

Monate nachdem meine Eltern dieses Lokal übernommen hatten, zu dem Schluss, es so schnell wie möglich wieder aufgeben zu wollen.

Es liegt keineswegs an einer mangelhaften Führung des Lokals, im Gegenteil, die Qualität der Zutaten ist erstklassig. Die Gerichte aus der Küche sind bei allen Gästen sehr beliebt und die hervorragende Gastfreundschaft ist für Lella und Renato eine Selbstverständlichkeit. Jedoch war die Insel zu jener Zeit ein wahrlich schwieriger Ort.

Meine Mutter war immer herzlich zu allen, mein Vater trank nie zu viel, im Gegenteil, er, der früher drei Kater am Tag hatte, trank auf der Tiberinsel kaum noch, und viele Jahre lang habe ich ihn nie mehr betrunken erlebt. Das Problem war, dass die Trattoria damals einen schlechten Ruf hatte. Es kamen am Tag sieben oder acht Leute zum Essen, Angehörige von Patienten im nahe gelegenen Krankenhaus Fatebenefratelli. Da konnte man noch so viel dafür werben, dass die Schwester von Aldo Fabrizi dort kochte, es half alles nichts.

Zudem war es einige Jahre zuvor hier zu einem Polizeieinsatz gekommen, als der unter psychischen Problemen leidende Sohn des damaligen Restaurantbesitzers versucht hatte, ein Mädchen zu vergewaltigen. Man rief die Polizei, der es nach einer Verfolgungsjagd mit Schießerei gelang, den Jungen zu fassen. Es war eine Gegend, die von den Römern eher gemieden wurde und über der die Geister vergangener Ereignisse schwebten.

Mein Vater rief den Besitzer herbei, der ihm die Leitung der Trattoria übertragen hatte und machte ihm klar, dass er mit so wenig Arbeit nicht weitermachen konnte. Er bat ihn, ihm das zurückzugeben, was von den 500 000 Lire, die er als Anzahlung gegeben hatte, noch übrig war.

Der gute Mann sagte zunächst eine ganze Weile gar nichts und brach dann in Tränen aus. Er sagte, er sei ruiniert, völlig verschuldet, schlimmer als wir, und zwar nicht nur wegen der Ausgaben für die benötigten Lebensmittel, die letztendlich von seinen Angehörigen und dem Personal gegessen wurden, sondern er hatte auch Schulden bei Firmen, die das Lokal renoviert hatten.

In der Tat hatte er hohe Schulden, auf dem Papier waren es 2,5 Millionen Lire, die sich in Wirklichkeit dann aber als fast doppelt so hoch erwiesen. Wenn sich die Familie Trabalza bereit erklären würde, alles zu bezahlen, würde er ihnen das Lokal überlassen und die Lizenz auf sie übertragen. Und so kam es, dass sie beschlossen, es zu versuchen.

Es gelang uns, alle Schulden zu begleichen, und wir brachten ein neues Schild an. Den Namen habe ich ausgesucht: Trattoria Sora Lella.

Und so stehen wir nun vor einem Neuanfang in dieser Geschichte!

Das Lokal läuft weiterhin nicht gut, die Römer meiden die Tiberinsel, auch Touristen kommen nur selten hier vorbei. Heute ist der Bereich vor der Trattoria nur für Fußgänger zugänglich und ein beliebter Spazierweg vom Stadtzentrum in das Viertel Trastevere, damals aber war die heutige Fußgängerzone eine stark befahrene Durchgangsstraße. So lag sie zwar mittendrin im Geschehen, aber genau dies machte sie letztlich auch so unsichtbar.

Eines Abends, als zio Aldo zum Essen gekommen war, sagte papà zu ihm, er wisse nicht, wie lange er so noch weitermachen könne und sähe sich deshalb gezwungen, das Lokal aufzugeben. Nach Rückzahlung aller Schulden würde ihm auch noch etwas bleiben. Zio Aldo wurde laut – es war ja eh niemand da – und brüllte ihn an: »A Renà, per carità, nun dà via 'sto locale, sta in un posto unico ar mo-nno!« (Renato, um Gottes Willen, gib dieses Lokal nicht auf, einen Standort wie diesen gibt es auf der ganzen Welt nicht noch einmal.) Bei Wörtern, denen er ein ganz besonderes Gewicht beimessen wollte, betonte er jede Silbe einzeln und überdeutlich. Und so fuhr er fort: »Bist du verrückt geworden? Versuche durchzuhalten, du wirst sehen, irgendwann wird es hier richtig gut laufen. Außerdem, mal abgesehen davon, dass man hier so gut isst, was schon einmal kein Nachteil ist, möchte ich mal wissen, wer schon eine Osteria auf der Ti-ber-in-sel hat!!« Mein Vater antwortete ihm, er habe leicht reden, er habe ja nicht unsere Probleme.

Renato und Elena beschließen, dem Rat von Aldo Fabrizi zu folgen. Sie harren aus, machen weiter, versuchen durchzuhalten und in eine strahlendere Zukunft zu blicken.

Wir machten weiter, nahmen hier und da ein paar Schulden auf, stopften ein Loch und öffneten ein anderes. Dann aber, nach sechs oder sieben Monaten, traten eines Abends vier Herren ein, die eine gewisse Neugier ausstrahlten. Sie setzten sich an den runden Tisch vor dem kleinen Fenster.

Meine Mutter trat an den Tisch, begrüßte die Herren und erzählte, sie habe einen sugo *mit Hackfleisch, getrockneten Steinpilzen und etwas Hühnerklein zubereitet. Einer von ihnen war Giorgio Bini, Professor der Fischkunde, Journalist und zudem Gastronom und ein wählerischer Gourmet. Der Professor fragte: »Wie bereiten Sie denn den* sugo *zu, Sora Lè? Mal sehen, ob Sie ihn genauso machen wie ich«. Und meine Mutter berichtete ausführlichst – und natürlich in breitestem römischem Dialekt – die einzelnen Schritte: Wie sie aus Sellerie, Karotte und Zwiebel mit etwas Knoblauch und Olivenöl ein* soffritto *macht, dann Hackfleisch, zerkleinerte* salsiccia *und gehackten* guanciale *zugibt, alles brät und dann mit Weißwein ablöscht. Dann kommt zuvor angebratenes Hühnerklein hinzu und, wenn der Wein verkocht ist, reichlich Tomaten. Schließlich noch eingeweichte Pilze, ein paar Lorbeerblätter und dann muss alles sehr leise köcheln. Nach der Hälfte der Kochzeit nimmt sie die Lorbeerblätter heraus, gibt zwei oder drei Gewürznelken und eine Prise Zimt dazu und lässt den* sugo *fertig kochen. Giorgio Bini, der ihr aufmerksam zugehört hatte, meinte daraufhin: »Das ist ganz und gar nicht so, wie ich ihn mache, aber wenn er so gut ist, wie Sie ihn mir beschrieben haben, kann er eigentlich nur besser sein als meiner. Werfen Sie die* fettuccine *ins Wasser, jetzt habe ich Hunger bekommen!« Und meine Mutter verschwand in die Küche, zur Freude der erwartungsvollen Gäste.*

Schließlich bereitet sie ihnen noch ein frittiertes Gericht aus Lammbries mit Artischocken zu, was ihr so goldgelb gelingt, dass der Professor und seine Freunde aufs Höchste begeistert sind.

Zum Schluss essen sie noch puntarelle *und ein Stück Pecorino Romano. Nach dem Essen überschütteten sie meine Mutter mit Komplimenten, insbesondere für ihre frittura, von der sie behaupteten, sie selten so gut gegessen zu haben. Dann unterhielten sie sich eine Weile und meine Mutter erzählte, dass sie so wenig Gäste hatten, abends kaum Leute kamen und, nun ja, wir eben Probleme hatten.*

Der Professor erwiderte darauf, wenn das soeben verspeiste Essen unserer Küche entstammte, dann würden wir nicht mehr lange Probleme haben können. In der Tat schickte er mit der Zeit immer mehr Leute zu uns, die ihrerseits, nachdem sie bei uns gegessen hatten, wieder andere schickten. Nach und nach zeichnete sich Licht am Ende des Tunnels ab.

Eines Abends kam, zusammen mit einer Gruppe, ein Journalist der Wochenzeitschrift Oggi ins Lokal. Nach dem Essen bat er meine Mutter zu sich und meinte, er würde gern einen Artikel über die Trattoria und über sie schreiben. So kam nach einigen Tagen ein Fotograf, der von meiner Mutter vor der Tafel mit den in Kreide geschriebenen Tagesgerichten ein schönes Foto schoss, das noch heute im Lokal hängt.

Der Artikel erschien, war ein Erfolg, und zwar so sehr, dass wir an manchen Abenden ins Trudeln gerieten und es nicht mehr schafften, so viele Leute auf einmal zu bedienen!

ALDO

An diesem Punkt erlaube ich mir, das Band anzuhalten und etwas zurückzuspulen in die Zeit, als Aldo (den die Kinder allerdings immer Amleto nannten!) noch klein war, ein sanfter, kluger Junge, der seine Familie liebte und darunter litt, dass seine Eltern sich nicht verstanden. Er würde gern studieren, aber zuerst der Krieg, dann eine Krankheit, die ihn ein Jahr lang ausbremst, und schließlich die Trennung seiner Eltern führen dazu, dass er nur die fünfte Grundschulklasse erreicht.

Ich wollte weiter zur Schule gehen, wollte Architekt werden; es gefiel mir zu zeichnen und ich konnte es auch gut. Nur zwei Wochen später stand ich da und spülte Tassen und Gläser in einer Bar in der Via della Vite. Nach einem Monat kündigten sie mir und sagten, ich sei zu apathisch. Den Lohn, 15.000 Lire, ließ ich mir in Tausenderscheinen auszahlen. Es war mein erstes selbst verdientes Geld. Zu Hause angekommen, legte ich die Scheine auf den Tisch, alle nebeneinander, damit sie nach mehr aussahen, was die Familie zum Lachen brachte. Dann erzählte ich ihnen, dass sie mich entlassen haben.

1954 bietet Onkel Aldo ihm eine Gelegenheit, als Kameramann in die Welt des Kinos einzusteigen. Aldo strengt sich an, lernt, glaubt daran, aber dann kommt das böse Erwachen.

Ehrlich gesagt war mir klar, dass dieser Herr nicht viel Zeit für mich hatte. Trotzdem hatte ich nach wenigen Lehrstunden gelernt, eine Kamera namens »Arriflex« (die man auf die Schulter aufsetzte) auseinanderzunehmen und mit verbundenen Augen wieder zusammenzusetzen. Ich ging weiter zum Unterricht, aber er hatte nur an drei oder vier Tagen in der Woche Zeit für mich.

Papa Aldo inmitten seiner Famile

Ich spürte, dass er nicht wusste, wie er mich loswerden konnte, und da ich noch nie wollte, dass jemand etwas gegen seinen Willen für mich tut, ging ich nicht mehr hin. Mit der Zeit hatte ich begriffen, dass alles nicht wirklich ernst gemeint war. Zio Aldo hätte mich gern gut untergebracht, mir eine bessere Zukunft ermöglicht, aber es war ihm nicht möglich.

Aldo will nicht wieder in der Bar arbeiten, er diskutiert mit den Eltern, muss sich aber schließlich vor dem Schicksal und vor allem der Armut seiner Familie beugen. Auch er muss seinen Beitrag leisten!

Eine Woche später arbeitete ich in der Bar Berardo, *aber nicht in der berühmten* Berardo *unter der Galleria Colonna (heute Alberto Sordi), sondern bei* Sor Berardo, *einer drittklassigen Bar auf der Piazza della Balduina.*

1957 wird er zum Militärdienst eingezogen. Achtzehn Monate später kehrt er nach Rom zurück und schließt sich der Familie in der Trattoria auf der Tiberinsel an und fängt an, als Kellner zu arbeiten. 1961 heiratet er Renata, 1962 wird Mauro geboren und 1964 Renato. Aldo ist ein aufmerksamer Ehemann und ein fürsorglicher Vater: »Er war ein ruhiger, friedlicher Mann, ›pacioso‹, wie man bei uns sagt«, erinnert sich Tochter Elena, aber die Anforderungen der Arbeit halten ihn von zu Hause fern: Wer in einer Trattoria arbeitet, isst nach dem Mittagsgeschäft gegen 15 Uhr und um Mitternacht, wenn auch das Abendessen vorüber ist. Die Kinder kommen hin und wieder vorbei, um Hallo zu sagen oder nach der Schule einen Happen zu essen, aber eigentlich erleben sie kaum gemeinsame Zeiten. Eines Tages findet Aldo zu Hause in einer Schublade eine Serie von Sammelbildern von Lazio, dem Lieblingsverein ihres Nachbarn *zio* Silvano, und da fällt es ihm als Vater und vor allem als *romanista*, als Fan vom AS Rom, wie Schuppen von den Augen und er beschließt, ein paar Gewohnheiten umzukrempeln, für sich, für seine Familie und für die Trattoria: Vor allem wird ein Ruhetag eingeführt! Von dem Moment an bleibt die Trattoria sonntags geschlossen und der Tag gehört der Familie und dem Stadion, sodass seine Söhne Mauro und Renato diese Leidenschaft für die *giallorossi* teilen können (müssen!) und sie gemeinsam etwas unternehmen: Und so folgen sie bald jeden Sonntag der Mannschaft, ob bei Heimspielen im Stadio Olimpico oder auswärts. Eine Leidenschaft, die auch Simone, der kleinste Bruder, teilt, der ein ganz großer Roma-Fan werden wird. Er wird die Mannschaft überallhin begleiten und diese Reisen mit kulinarischen Erfahrungen in Sternerestaurants in ganz Italien verbinden.

Im Sommer verbringt die Familie die Ferien in Maiolati Spontini und auch dort verwöhnt *nonna* Lella alle mit ihren Gerichten: Zu den Lieblingsspeisen der Enkelkinder gehörten Tomaten mit Reisfüllung, *amatriciana* und das sagenumwobene Hähnchen mit Paprikaschoten, ein unverzichtbares *ferragosto*-Gericht.

»Papà war eine faszinierende Persönlichkeit, der es leichtfiel, die Aufmerksamkeit der Leute zu gewinnen. Er hatte zwar nicht lange die Schule besucht, konnte aber gut reden, liebte es zu lesen und war überaus gebildet. Simone und ich sahen ihn wirklich wenig, wir schrieben ihm Zettel, auf denen wir von unserem Tag erzählten und uns für Geschenke bedankten, die er uns gemacht hatte.

Zum Glück kam dann der Sonntag, ein Festtag, an dem die ganze Familie zusammenkam und wir gemeinsam immer etwas unternahmen. Wenn es kein Spiel gab, gingen wir ans Meer, zum Vergnügungspark oder zum Gianicolo und immer aßen alle zusammen. Er war auch sehr gut darin, zwischen uns zu vermitteln und Streitereien zu schlichten.« So erzählt Elena und liefert uns das Porträt ihres Vaters.

In den Jahren unter Aldos Leitung kann die Trattoria ihren Ruf festigen: Sora Lella verlässt die Küche im Jahr 1970. Sie wird ersetzt durch Aldo selbst, der dann die Nachfolge weiterer Köche beaufsichtigt: Costante, Cirillo, *zio* Quinto, Sandrino, der 1972 als Tellerwäscher in der Küche anfängt und dann mit der Zeit die Zubereitung der *primi piatti* und schließlich auch der *secondi* übernimmt. In den 80er-Jahren sammelt er auch im Service Erfahrungen, arbeitet aber dann, bis zum Beginn seines Ruhestandes 2019, wieder in der Küche. Wie er sagte, sei es »wichtig, dass die Kellner sich in der Küche auskennen, und auch die Köche sollten die Probleme im Service kennen. Jedenfalls ging es in der Familie immer sehr harmonisch zu: Aldo Fabrizi ›richtete‹ über neue Gerichte, Aldo Trabalza dagegen hat mich als Mann und als Profikoch geprägt.« Noch heute kehrt Sandrino hin und wieder in die Küche zurück, um auszuhelfen. Aus Treue gegenüber jenen, die er als seine Familie betrachtet.

Die beiden Aldos verbindet eine sehr lebendige Beziehung, in der viele kulinarische Geheimnisse und Witze ausgetauscht werden. *Viele schöne Erinnerungen an zio Aldo begleiten mich bis heute. Einmal habe ich ihn besucht und während wir über das Kochen sprachen, zeigte er mir eine Literflasche aus dunklem Glas und sagte: »Hier drin ist flüssiges schwarzes Gold, und denk bloß nicht, es sei Petroleum.« Er gab sich ein paar Tropfen auf die Hand und verrieb sie auf meinem Handrücken, so wie man es mit einem Parfüm macht, und fragte: »Riechst du etwas?« Ich kannte damals noch keinen Balsamessig und rief aus: »*Mamma mia come profuma ...*, ich rieche gekochte Pflaumen, Kirschen, das ist wie ...* 'na cosa carammellata, *wie feine Karamellbonbons«. Ich kostete das Ganze und war noch erstaunter: »*Ammazza quant'è bono!! *Meine Güte, ist das köstlich!« Er klärte mich auf: »Das ist Aceto Balsamico di Modena, 20 Jahre alt, ich bekam ihn von einem Freund, der ihn in der Gegend herstellt.« Ich war aus dem Häuschen: »*Zio, *stell dir vor, ein schöner gemischter Salat, angemacht mit diesem Essig!« Und der Onkel: »Ja, bist du verrückt? Ich verwende das als Aftershave.«*

Simone hat vom Vater das deutliche Bild vor Augen als demjenigen, dem es wirklich gelungen ist, die Trattoria auf ein neues Niveau zu heben: »Papà Aldo war wirklich ein außergewöhnlicher Koch«, erzählt Simone, »und hätte er weiter die Schule besucht, wäre er ein zweiter Marchesi geworden, er war sehr fortschrittlich in seinen Ideen und Methoden. Schon vor vierzig Jahren bereitete er Gerichte fertig zu und fror sie ein, machte Marmeladen aus Gemüse, Speiseeis aus Paprika und Gorgonzola. Er hat viele Rezepte kreiert, die bis heute auf unserer Speisekarte stehen, wie etwa *tonnarelli alla cuccagna* und *cannolicchi alla mattacchiona*. Er war ein sehr neugieriger Mann, liebte Suppen und alles, was *agrodolce* war; sein Lieblingsgericht aber war sicherlich *zabaglione*, und so hat Renato ihm unser *gelato allo zabajone* gewidmet!«

Eines Tages rief zio *Aldo mich in der Trattoria an, um einen Tisch für sechs Personen zu reservieren, er wollte mit Freunden zum Essen kommen. Ich wusste, dass er gern Kartoffelfrittata mit Kochfleischstückchen vom Rind aß. Diese besondere Art von* frittata *wird ohne Ei gemacht, man braucht eine, wie er sagte* padella de fero, *eine alte, gut eingebrannte Eisenpfanne, die schon viele Jahre ihren Dienst verrichtete.*

Wichtig ist, genug Olivenöl zu verwenden, ohne dabei zu übertreiben. Die frittata *sollte keine feine Kruste, sondern von beiden Seiten eine schöne dicke Kruste haben, da diese die Hülle für die Kartoffeln bildet.*

Diese frittata *zuzubereiten ist im Grunde genommen gar nicht so schwierig. Aber war sie erst einmal fertig, taten sich zwei Probleme auf. Erstens, auf einem Teller würde aus der erkaltenden* frittata *zwangsläufig das überschüssige Öl herauslaufen, wodurch sie letztlich zu fettig wirken würde. Zweitens hat zio Aldo zu fette Speisen immer schon verabscheut und hätte die* frittata *nicht nur selbst nicht gegessen, sondern auch nicht zugelassen, dass seine Freunde sie aßen. Er hätte sie in die Küche zurückgehen lassen und hätte mir gegenüber sicher einige wenig freundliche Kommentare losgelassen, die sich natürlich nicht auf den Menschen, sondern auf den Koch bezogen. Mit einem Trick, der eines Ingenieurs würdig wäre, halte ich sie also warm und sorge dafür, überschüssiges Öl perfekt abzutupfen. Wenn der Onkel eintrifft, biete ich sie ihm sofort an: »Es gibt Kartoffelfrittata mit Kochfleisch vom Rind, wie wäre es damit vorneweg?«, frage ich. »Pass auf, eine Kartoffelfrittata wirklich gut hinzukriegen, ist nicht einfach! Falls sie mir nicht schmeckt, darfst du nicht beleidigt sein«, antwortet mir* zio *Aldo. »Bring sie einfach ganz her, ich schneide sie selbst.« Ich brachte diese* maledetta frittata *mit leichter Sorge zum Tisch, gleichzeitig aber auch voller Selbstvertrauen, stellte sie in die Mitte und sofort riefen die Freunde aus: »*Ammazza *... meine Güte, wie lecker das aussieht, und bestimmt schmeckt sie auch, toll Aldo!!«* Zio *sagte nur: »Ruhe, immer mit der Ruhe, ich werde euch jetzt sagen, ob sie wirklich gut ist und nicht nur gut aussieht.« Und mit diesen Worten tastete er mit dem Zeigefinger der rechten Hand die* frittata *ab, so als würde er auf ein Tintenkissen drücken, um Fingerabdrücke zu nehmen, drehte den Finger dabei leicht nach rechts, leicht nach links. Alle blicken ihn andächtig still an, in der Hoffnung auf den Freispruch. Er hob den Finger von der* frittata, *untersuchte ihn genau, während wir alle den Atem anhielten, schaute mir in die Augen und rief aus: »Ich bin sehr stolz darauf, einen Neffen wie dich zu haben!« Die* frittata *war im Handumdrehen aufgegessen.*

Aldo ist das eigentliche Bindeglied zwischen den Anfängen der Trattoria *Sora Lella* und dem, was sie heute ist: Er ist der Mann, der Familienvater, der Koch, der Verantwortliche des Restaurants, der den von seinen Eltern gelegten Grundstein aufgegriffen und daraus für seine Kinder eine solide Burg geschaffen hat.

Im August 1993 stirbt Sora Lella: *Die Erinnerung an sie ist noch so lebendig, dass Leute, die an unserem Restaurant vorbeikommen und das Schild lesen, oft nicht umhinkommen, von ihr zu erzählen. Manchmal kommen Menschen ins Lokal und erzählen Gegebenheiten, die so nie stattgefunden haben, die lediglich Früchte ihrer Fantasie sind.* Jeder wünscht sich, Teil dieser, unserer Geschichte zu sein und sagen zu können: »Ich kannte sie gut ...«

RENATO

Im Jahr 1994 beschließt Renato, Aldos zweiter Sohn, in der Küche zu arbeiten, nachdem er zehn Jahre lang im Service tätig war. Sein Mentor und Meister ist *papà* selbst: Renato hat am Istituto Cine TV studiert und sich als Tontechniker spezialisiert, aber kaum war er einmal in der Küche, erkennt er seine neue Leidenschaft und erklärt sich mit einer außergewöhnlichen Entschlossenheit bereit, den Beruf zu erlernen.

Und die Frage, die in einem solchen Fall jeder stellen möchte, lautet: Womit hast du angefangen? »Semplice, *dall'amatriciana* ... womit wohl sonst?!«, dem Gericht der römischen Küche schlechthin, das Renato unzählige Male gegessen hat. Renato lernt in der Küche mit dem Vater, aber nicht nur, er macht sich auf den Weg, auch andere Küchen kennenzulernen und hier und da Geheimnisse aufzuspüren, er vertieft die Kunst der Zutatenauswahl und auch der Zubereitungsmethoden. Er, der als Kind von der Schule zurückkam, um in der Trattoria zu essen, im blauen Schulkittel mit blauer Schleife am Hals, und sich mit Sahne vollstopfte, wird derjenige sein, der sich einige Jahre später um die gesamte Speisekarte kümmert. Nachdem er die typischen Gerichte der 70er- und 80er-Jahre wie *tortelloni al capriccio* (mit Sahne, Schinken, Erbsen und Pilzen) von der Karte genommen hat, beschließt er, sich nicht zu weit von der traditionellen Küche zu entfernen. Es ist die Zeit, in der die kreative und innovative Küche Fuß fasst und in der die Traditionen hochwertiger römischer Küche Gefahr laufen, in Vergessenheit zu geraten. Trotz der Freude, die sein Vater Aldo an Neuerungen hat, bleibt Renato überzeugt, man müsse die Methoden weiterentwickeln und dabei gleichzeitig der Tradition treu bleiben. Und so führt er die Garmethode des Sous-vide bei niedriger Temperatur für den *baccalà*, Klippfisch, ein. Die *coda alla vaccinara*, Ochsenschwanz, den *nonna* Lella direkt in der eisernen Pfanne briet, wird nun zuerst in Wasser vorgegart und entfettet. Aber das erste neue Gerät, das er selbst in der Küche einführt, ist eine Eismaschine. Mit ihr beginnt er seine wahre Leidenschaft zu entwickeln, die auch zu seinem Markenzeichen werden wird. Rom hat keine wirkliche Desserttradition, aber auf der Speisekarte der Trattoria stehen einige *dolci: zuppa inglese,*

Renato, ganz entspannt in einer Kochpause …

salame di cioccolato, pan di Spagna, Eiscremes und vor allem *maritozzi*, ein Symbol der *pasticceria romana*, der römischen Backkunst, deren Herstellung Renato persönlich überwacht. Die Geschichte zwischen dem Koch und Neffen von Lella und der Gelateria ist eine andere Liebesgeschichte, die in jener Trattoria ihren Ausgang nimmt. Erzählt es nicht so laut weiter, aber Renato könnte stundenlang von *dolci* und *gelati* reden … Und so wiederholt sich alles: die persönliche Leidenschaft, die Wünsche und die eigenen Vorlieben, die den Gästen präsentiert werden, mit einer Aufrichtigkeit und einer Rigorosität, die es unmöglich machen, keine Neugierde oder Freude zu entfachen.

Renato, egal ob man ihn in der Küche am Herd antrifft oder, wie jetzt, an einem Tisch während einer Pause, wirkt immer so, als würde er arbeiten, als würde er überlegen und darüber nachdenken, was er noch besser machen könnte, wie er den Gast rundum zufriedenstellen oder einen Geschmack noch besser abrunden kann: Und so ist er, auch wenn er von sich, seiner Arbeit und der Trattoria erzählt, mit den Gedanken immer dabei, gleich bereit, ein Stück der Geschichte richtigzurücken oder ein anderes hinzuzufügen. Dabei begreift man gut die Präzision, mit der er an seinen Rezepten arbeitet, mit denen ihn eine Hingabe zu verbinden scheint, die über den Beruf und über die Bindung zur Familie hinausgeht.

Für das Jubiläum im Jahr 2000 wurde das Lokal einer großen Renovierung unterzogen, die Küche und auch der Gastraum erneuert, um die immer zahlreicher werdenden Gäste empfangen zu können. Dank der Umwandlung der Ponte Fabricio und der Straße vor der Trattoria zur Fußgängerzone und der daraus folgenden Zunahme an Touristen und Pilgern findet man in immer mehr Reiseführern einen neuen Weg zwischen Trastevere und Campo de' Fiori und so beginnt für die Trattoria eine neue und wieder sehr erfolgreiche Zeit.

Renato steckt in die Küche ein über die Jahre erworbenes und stetig aktualisiertes

Wissen, eine innige und großzügige Leidenschaft, eine glückliche Hand, die er von der *nonna* und dem Vater geerbt hat. Renato hat die von ihnen geerbten Rezepte umgearbeitet, sie leichter gestaltet, alles jedoch unter Beibehaltung althergebrachter Kombinationen und Geschmacksnuancen. Und er hat, unterstützt von seinem Bruder Simone, ein Netz von Lieferanten aufgebaut, mit denen eine außergewöhnliche, von Vertrauen und Zusammenarbeit geprägte Beziehung entstanden ist, dank derer der hohe Standard der Trattoria-Küche konstant gewahrt bleibt.

Zum ersten Mal hat sich Renato nun darangemacht, die Rezepte *schriftlich festzuhalten* und somit auch zum ersten Mal die Geschichte der Trattoria und seiner Familie. Und so geht es bei den in diesem Buch vorgestellten Rezepten darum, diese Gerichte zu kochen und zu genießen, aber sie alle stellen auch kleine Bruchstücke eben dieser Geschichte dar.

MAURO

Das erste Kind von Aldo, das in die Trattoria »eingestiegen« ist, war Mauro, der älteste Sohn. Seine ersten Erinnerungen gehen zurück in die Zeit, als er als Vierzehnjähriger in den Sommerferien beim Bedienen aushalf. »Die erste Erfahrung war ehrlich gesagt nicht besonders erfreulich! Mir ist ein Eis mit Averna auf einen mit einem cremefarbenen Anzug elegant gekleideten Mann gefallen.« Tatsächlich aber erweist er sich schon bald als idealer Kandidat für den Service, freundlich und kompetent. Seine Zeit in der Trattoria endet, als er zum Militär eingezogen wird, so wie es auch Vater Aldo ergangen war. Bei seiner Rückkehr arbeitet er zunächst in einer Synchronisationsfirma, nachdem auch er bei Cine TV gelernt hat, obwohl sein eigentlicher Berufswunsch Polizist ist. Eine Idee, die auf wenig Gegenliebe bei seiner damaligen Frau stieß, und so kehrt er 1982 in die Trattoria zurück. »*Nonna* Lella war an der Kasse. Ich holte sie jeden Morgen zu Hause ab und begleitete sie in die Trattoria. Sie war eine großartige Persönlichkeit, sanft und fröhlich, eine sympathische ›*borbottona*‹, die immer etwas zu brummen und zu nörgeln fand. Wie oft wir während der Arbeit diskutierten, weil sie mit manchen Dingen nicht einverstanden war: Beispielsweise wollte sie keine Kreditkarten akzeptieren und so waren wir gezwungen, darauf zu verzichten, um sie dann doch einführen zu müssen, weil die Kunden es einforderten.«

Aber wie »brummig« war *nonna* Lella? »Manchmal kam *nonna* abends direkt nach der *Costanzo Show*« – erzählt Simone lächelnd –, »sie fing mit der Abrechnung an, die sie immer und ausschließlich mit der Hand machte, und ärgerte sich über Mauro, der ihr, wie sie meinte, die Bestellungen nicht ordentlich durchgab!« Es war die Zeit ihrer größten Bekanntheit. Viele Leute kamen in die Trattoria, um sie kennenzulernen, und oft tat sie so, als würde sie schlafen, um nicht gestört zu werden.

Mauro verfügt über eine Ruhe, die auf sein *saperci fare*, sein besonderes Händchen, zurückzuführen ist. Immer scheint er gerade am richtigen Ort zu sein, weiß, was um ihn herum los ist, möchte immer ein gutes Bild abgeben. Und Bilder sind in der Tat seine Leidenschaft, die Fotografie ist für ihn nicht nur ein Hobby, sondern eine Technik, die es zu entwickeln, ein Gedanke, den es zu pflegen gilt: »Ich mag es, Gesichter, Personen und Situationen zu fotografieren und festzuhalten, es macht mir unglaublich viel Freude. Ich liebe Straßenporträts.

Und es entspannt mich, es ist geradezu therapeutisch.« Mauro kennt sich aus, den Eindruck hat man jedes Mal, wenn man ihm begegnet.

»Für mich ist die Trattoria Familie, Leidenschaft, Tradition, refugium peccatorum, ein sicherer Ort, an dem man sich auch in den schwierigsten Momenten des Lebens geborgen fühlt. Die Insel ist ein magischer Ort. Wenn ich die Zeit zurückdrehen könnte, würde ich in der Küche arbeiten: Ich koche sehr gerne Suppen und Eintöpfe, sie gehen mir leicht von der Hand. Auch *petto di vitello alla fornara,* Kalbsbrust aus dem Ofen, bereite ich gern zu, esse sie aber auch gern.« Sein unübertroffenes Lieblingsgericht bleibt die *amatriciana* mit dem Geheimnis der »padella de fero«, der Eisenpfanne, sowohl für den *guanciale* als auch für die Tomaten. Die Arbeit im Service? »Früher war es einfacher, heute ist die Arbeit im Service komplexer und, ehrlich gesagt, weiß ich nicht, ob ich den Beruf noch einmal ergreifen würde.«

Von seinem Onkel und von Lella hat er das Schauspieltalent geerbt und ist bei Interviews oft der Frontmann der Familie. Und so wächst der Ruhm der Trattoria auch dank Mauros öffentlichem Einsatz und die Arbeit wird immer mehr: Nun kommen auch die Zwillinge mit ins Team, zuerst Simone, dann Elena, sie sind zehn Jahre jünger als Mauro und acht Jahre jünger als Renato.

2009 ergab sich die Möglichkeit, eine Filiale der Trattoria in den Vereinigten Staaten zu eröffnen: »Wir hatten immer viele amerikanische Gäste«, erinnert sich Mauro, »die uns vorschlugen, dort eine Zweigstelle zu eröffnen.« So landet *Sora Lella* in New York: Mauro, ein Neuling in der Küche, Simone im Gastraum zusammen mit Fabio, einem Kellner des Vertrauens, der schon in Rom bei ihnen war. Das erste Jahr war ein großer Erfolg. Das Publikum liebte sie und es war ihnen gelungen, die Küche nicht amerikanisieren zu lassen. »Dann wurde es zunehmend schwieriger, das Tempo und die Ansprüche aufrechtzuerhalten, es war ein wirklich hartes Unterfangen geworden. Die Lage des Lokals war nicht ideal und auch nicht der amerikanische Partner. Nach zwei Jahren haben wir beschlossen, nach Rom zurückzukehren.«

Simone kehrt sofort zurück, Mauro bleibt noch eine Weile in New York, wo er als Eventmanager und als Koch bei exklusiven Partyanlässen arbeitet, wie etwa bei einer denkwürdigen Party für Drew Barrymore. Aber der Ruf der Insel lässt ihn nicht los: 2012 beschließt auch Mauro, nach Rom zurückzukehren und in der Trattoria zu arbeiten. Heute koordiniert er zusammen mit Elena die Bewirtung. Und zwischendurch lernt er für die Schauspielerei: Die Leidenschaft für Theater und Kino scheint dieser Familie in den Genen zu liegen. Und wenn man einmal genau überlegt, ist ein so spezielles Restaurant wie dieses eine Bühne, auf der zu jeder Mahlzeit ein Schauspiel aufgeführt wird.

SIMONE

Die Entscheidung, welcher mein Platz in der Trattoria sein würde, stand von Anfang an fest: Mir hat es immer gefallen, die Gäste zu bedienen. Mauro kümmerte sich um den Weinkeller, ich selbst habe am Anfang nicht einmal Wein getrunken. Etwa mit 20 habe ich dann doch begonnen, Weine zu kosten und mich in das Thema zu vertiefen, bis ich schließlich begeistert davon war und immer öfter selbst die Auswahl und das Angebot übernommen habe. Eigentlich ist Geschmack ja immer etwas Relatives, die Flasche, die gut ankommt, ist die, die leer wird!«

Der Wein spielte in der Geschichte der Trattoria immer eine wichtige Rolle: Als Anfang der 90er-Jahre andere römische Restaurants weiter offene Weine ausschenken, geht Familie Trabalza dazu über, abgefüllte Weine als *vino della casa* anzubieten, gute Weine von großen Erzeugern aus dem Latium, gekennzeichnet mit Sora Lella auf dem Etikett, die all ihre Kunden lächelnd anschaut. Heute gibt es etwa 300 verschiedene Etiketten, von denen die meisten mit der Region Latium zu tun haben. Und dann gibt es die *distillati*, Edelbrände, eine wahre Passion, die Simone von Vater Aldo geerbt hat – ein einzigartiges, unschätzbares Erbe.

Simone ist die gute Seele der Trattoria, eine Seele, die mit der empathischen Sanftheit seines Blicks das Gefühl großzügiger und aufrichtiger Gastfreundschaft vermittelt, genau wie bei der *nonna*. Die Beziehung zwischen Simone und dem Restaurant ist, wie auch bei den Geschwistern, verknüpft mit der Geschichte seiner Familie, den Zeiten mit den Eltern, den ersten eigenen Wünschen und Entdeckungen.

Er ging immer gern in die Trattoria, aber als sie alle noch klein waren, gingen sie nur selten hin: Nur am Sonntag, dem Ruhetag, setzten sie sich manchmal zum Essen an den *tavolo della finestrella*, den Familientisch am Fenster. Simone erinnert sich sehr gut daran, als er mit acht Jahren zum ersten Mal selbst ein richtiger Gast war: *Cotiche e fagioli, pajata* und *coda alla vaccinara*, alle vertrauten Gerichte endlich einmal an einem Tisch, der nicht der Familientisch war – ein unvergessliches Erlebnis!

Wenn man eine Arbeit mit Leidenschaft macht, merkt man nicht, wie die Zeit vergeht. Irgendwann ist Simone erwachsen und stellt fest, dass sein Verzicht auf mehr Freiräume in ihm eine Leere zurücklässt, die er mit Essen zu füllen versucht – vielleicht mit etwas zu viel davon. »Papà sagte immer, unser Beruf sei keine Arbeit, sondern eine Mission: Dafür zu sorgen, dass sich die Gäste wohlfühlen, dass sie lächeln und dass sie wiederkommen. Und dann die Sorgfalt bei der Auswahl der Zutaten, der Respekt vor den Rohstoffen, denn schließlich sind wir das, was wir essen. Ich ging immer mit ihm einkaufen, zum Schweineschlachter in Testaccio, zum Rinderschlachthof, zum Gemüsestand meiner Tante auf dem Campo de' Fiori.«

Simones Leidenschaft für das Essen ist maßlos, auch hinsichtlich der Mengen. Er ist neugierig, er möchte alles kosten, was ihm unter die Nase kommt: In den Jahren, in denen sein Vater Aldo in der Küche ist, leitet Simone ihm die Bestellungen weiter und fügt noch einen Teller mehr hinzu, für sich selbst. Und manchmal, ohne dass es jemand merkt, kostet er heimlich die in den Töpfen köchelnden Saucen, tunkt ein Stück Brot hinein und genießt so das leckerste aller stibitzten Häppchen.

Angetrieben durch seine Neugier entdeckt und kostet er auch die besten italienischen Küchen und lernt die großen Köche kennen, mit denen ihn ein Verhältnis tiefer Freundschaft und gegenseitiger Achtung verbindet: Die erste Begegnung ist eine von jenen »che non si scordano mai« (die man nie vergisst), in Calvisano, wo Antonio »Gino« Gavazzi mit seiner Frau Maria Paola das Restaurant *Al Gambero* führt. Simone ist überwältigt von der Atmosphäre, dem Service, dem Essen, der Eleganz. Und das ist nur der Anfang. Es werden zahllose weitere Begegnungen und wunderbare Erlebnisse folgen. Unvergesslich die Begegnung mit Küchenchefin Nadia Santini und Besitzer Antonio Santini der *Casa del Pescatore*: Die Erinnerungen liegen in den Kleinigkeiten. Das Brot war so hervorragend, dass der Kellner Simone, nachdem er zum vierten Mal um Nachschlag gebeten hatte, gleich das ganze Tablett dalässt. Es sind Erlebnisse, die Simone gern mit seinem Vater teilt, dem seit jeher neuen Ideen und Innovationen zugeneigten Mann und Koch, manchmal auch mit der übrigen Familie, die sich alle gerne von anderen inspirieren lassen.

Es ist seine Berufung, seine wahre Leidenschaft mit allen Widersprüchlichkeiten, die derart radikal gelebte Leidenschaften mit sich bringen, die Unerbittlichkeit, wenn das Leben so untrennbar mit der Arbeit verbunden ist.

ELENA

Und Elena? 2005 bittet Vater Aldo sie, im Laden mitzuarbeiten, aber Mutter Renata rät ihr davon ab: Elena hatte einen Beruf mit normalen Arbeitszeiten, der ihr gefiel, all das würde sich radikal ändern, wenn sie sich in der Trattoria engagierte. Elena folgt dem Rat der Mutter. Sie lehnt das Angebot ihres Vaters ab und arbeitet weiter in ihrer Tätigkeit. Ein Jahr später überzeugt Renato seinen Vater, es noch mal bei ihr zu versuchen, sie bräuchten Hilfe in der Verwaltung. 2006 gibt Elena schließlich nach und kommt in die Trattoria. Aldo stellt ihr die Lieferanten vor, erklärt ihr die Abrechnung; anfangs sind es nur wenige Stunden am Tag, doch es dauert nicht lange, bis Elena noch vor ihrem Vater zur Arbeit kommt, um ihm Gesellschaft zu leisten – endlich kann sie Zeit mit ihm verbringen! Heute kümmert sie sich um den administrativen Teil, Lieferungen, Zahlungen, Löhne, Reservierungen ...

Als Kind ist sie nicht oft im Lokal. Sie verbringt ihre Zeit mit Mutter Renata, einer fröhlichen, geselligen Frau, die sich tagtäglich um das Wohlergehen dieser großen Familie kümmert. Heute ist für Elena die Trattoria *der* Familienort. Das ist die Geschichte, die sie den Kunden erzählen kann und die diese wahrnehmen, der Grund, weshalb sie kommen und wiederkehren mit dem Bedürfnis, an dieser Geschichte teilzuhaben – wenn auch nur für einen Moment: »Wir sind als Team gern Gastgeber, es macht uns Freude, Gäste zu bewirten und dafür zu sorgen, dass sie sich wohlfühlen. Ich kenne alle Lieferanten persönlich. Unser Kaffeelieferant versorgt uns seit 35 Jahren! Die Rohstoffe wurden im Laufe der Zeit sorgfältig ausgewählt und wir arbeiten schon lange mit denselben Lieferanten.«

Elena lässt sich nicht leicht übers Ohr hauen, sie achtet auf alles und wittert, wenn etwas nicht so gut läuft, wie es sollte..

Und dann liegt ihr diese sehr weibliche Souveränität inne, die auch der *nonna* eigen war, alles daranzusetzen, die Familie in schwierigen Momenten zusammenzuhalten. Vor allem aber kocht Elena nicht gern! Die Geschwister haben alles versucht, sie zu überzeugen, doch da war nichts zu machen. Vielleicht weiß sie einfach von den Vorteilen, jemanden zu haben, der den Küchenbetrieb begleitet, sich aber auch immer etwas auf Distanz hält. Elena ist resolut und fix, entschlossen und streng – perfekte

Eigenschaften für ihre Führungsrolle. Vater Aldo hat eine lange Zeit versucht, ihr die Rezepte beizubringen: »Er hat mich nur dazu gekriegt, für Tiziano, meinen Mann, einen ciambellone zu machen, als wir uns verlobt haben. Aber ich kann nicht einmal Spaghetti Carbonara zubereiten«, erzählt sie mit einem fast stolzen Lächeln im Hinblick auf diese *Sonderstellung* in der Familie. Elena ist großzügig, fürsorglich, strahlend und steckt voller Energie, immer bereit, jeder Bitte ihrer Brüder nachzukommen. Mit ihrem Zwillingsbruder Simone ist sie in Symbiose aufgewachsen, obwohl sie sich immer als größere Schwester gefühlt hat oder sogar als zweite Mutter. Und so ist auch das Verhältnis zu den anderen beiden: »Es gibt manchmal verschiedene Standpunkte, aber wir finden immer einen Kompromiss.«

Elena ist die einzige Enkeltochter von Lella, sie trägt ihren Namen und hatte zur *nonna* eine besondere Beziehung: »Über viele Jahre schlief ich in den Sommerferien bei ihr. Weil sie schnarchte, habe ich mir immer die Kopfhörer vom Walkman aufgesetzt. Ich habe es nicht übers Herz gebracht, ihr zu sagen, dass es nicht so einfach war, neben ihr zu schlafen! Wir waren immer zusammen.« Elena war auch bei ihr, wenn sie während der Abrechnungen auf ihrem Stuhl einnickte, und so begann sie nach und nach still und heimlich, *nonnas* Arbeit in ihrer Nähe zu übernehmen. »Manchmal ging ich mit ihr zum Teatro Parioli, wo sie Gast der Talkshow *Maurizio Costanzo Show* war. Als Costanzo mich einmal fragte, ob ich nicht Interesse hätte, etwas im Fernsehen zu machen, antwortete sie für mich und sagte, das Kino sei etwas für alte Leute! Sie hat mich von der Showbühne ferngehalten, genau wie ihr Bruder es bei ihr gemacht hatte.« Welch seltsames Verhältnis diese Familie mit der Welt des Schauspiels hat: unmittelbare Nähe und auch Interesse, dann aber auch wieder Misstrauen und vorsichtiger Abstand – sie sind waschechte römische Kinder, die der *Glitterwelt* von Kino und Fernsehen nicht so ganz trauen und sich ungern voll darauf einlassen.

In der Trattoria finden sich in jeder Ecke Spuren jener Welt, Gesichter der vielen Berühmtheiten, die hier schon zu Gast waren und heute zu Gast sind: Giancarlo Giannini, Mario Monicelli, Giuliano Gemma, Enrico Montesano, Michele Placido, Ettore Scola, Al Bano und Romina Power, Anthony Hopkins, Jean-Paul Belmondo und Laura Antonelli, Renato Zero, ein guter Freund der Familie, Lina Wertmüller, Sergio Leone, Richard Burton, Gerry Scotti, Zucchero und natürlich Carlo Verdone. Schaut man sich die Bilder an, wirken sie eigentlich alle wie Familienfotos – Fotos einer großen einander zugeneigten Familie.

Jeden Tag rufen zahlreiche Leute an, um einen Tisch zu reservieren. Meist teilt Elena mit einem Lächeln mit, dass leider alles voll sei. Reservierungen, vor allem für das Wochenende, sollten mindestens einen Monat im Voraus gemacht werden: »Die Römer haben verstanden, dass wir keineswegs nur ein Touristenlokal sind, und in den letzten Jahren ist es immer mehr geworden: Ich

fände es so schön, wenn mein Vater und meine *nonna* heute mit an diesem Tisch sitzen könnten, um zu sehen, wie sich die Trattoria entwickelt hat!« Wieder klingelt das Telefon, Elena entschuldigt sich und steht auf: »Buongiorno, Trattoria Sora Lella, es tut mir leid, wir haben keinen Tisch mehr für heute Abend, nein, für morgen auch nicht, der erste freie Tisch ist wieder am …«

Das Sprechzimmer des Notars war rechteckig und sehr groß, fast so groß wie meine ganze Wohnung. Wir saßen rings um den Tisch, ich am Kopfende, rechts von mir Mauro und dann der Notar, mit dem Rücken zum Bücherregal. Links von mir Renato, Elena und Simone sowie unser Steuerberater, der uns begleitet hatte. Signora Marta brachte ihm eine Akte und er begann laut vorzulesen, damit wir hörten, was niedergeschrieben worden war, falls wir mit etwas nicht einverstanden gewesen sein sollten. Irgendwann kam er dann zum Schluss. Er ließ die Papiere auf den

Tisch gleiten, schob sie zu Mauro und sagte: »Hier ist die komplette Urkunde, jedes der Kinder muss auf der Linie gut lesbar unterschreiben.« Alle unterschrieben. Ich war nur als Beobachter dabei. Der Notar nahm die Akte, kontrollierte, ob alles in Ordnung war, und sagte noch: »Diese Akte geht jetzt zur notariellen Eintragung, in einer Woche wird sie fertig sein, aber die Gesellschaft ist ab jetzt handlungsfähig.«

Und dann sagte er zu mir, mit einem schalkhaften Lächeln um den Mund und mit leuchtenden Augen: »Sie, Trabalza, können jetzt zu Hause bleiben, aber vorher müssen Sie mir mein Honorar zahlen.« Alle lachten. Es wirkte seltsam auf mich, was der Notar da gesagt hatte. In dem Moment fühlte ich mich ausgeschlossen, beiseitegeschoben – nach fast 48 Jahren kann es schmerzhaft sein, so etwas gesagt zu bekommen. Aber kaum hatten wir die Kanzlei verlassen, dachte ich überhaupt nicht mehr daran.

2006 überschreibt Aldo die Trattoria an seine Kinder. 2018 stirbt er.

Die Trattoria ist weiterhin eng verflochten mit dem Leben der Stadt, mit dem Leben der Menschen, die dort zu Hause sind, und denen, die sie besuchen, mit ihrer alltäglichen Realität und mit ihrer Fantasie. Jedes der Geschwister hat seinen Platz und bringt seine Leidenschaft zum Ausdruck, jeder könnte nicht ohne den anderen auskommen: »Renato lässt das Andenken an *papà* mit der Kochkunst aufleben, Mauro das an *nonna* als Gastgeberin, während ich und Elena hinter der Organisation und der Verwaltung stehen«, sagt Simone, »aber unser eigentliches Geheimnis besteht darin, dass es in der Trattoria nie an einem Trabalza fehlt. Genau dies war immer unser Ehrgeiz, auch unter größten Opfern, um unser Projekt lebendig zu erhalten.«

Wenn man sie sich heute hier um den Tisch herum anschaut, wird offensichtlich, dass es genau so ist: Es ist *ihr* Projekt, das Projekt einer ganzen Familie, die 100 Jahre Geschichte hinter sich hat und daraus eine eigene und einzigartige Geschichte verwirklicht hat. Eine Geschichte, die von dem lebt, was war, davon, wie sie sich erneuert hat, und von denen, die sie zu erzählen wussten. Die Geschichte von Sora Lella, von Aldo, Elena, Renato, Mauro und Simone.

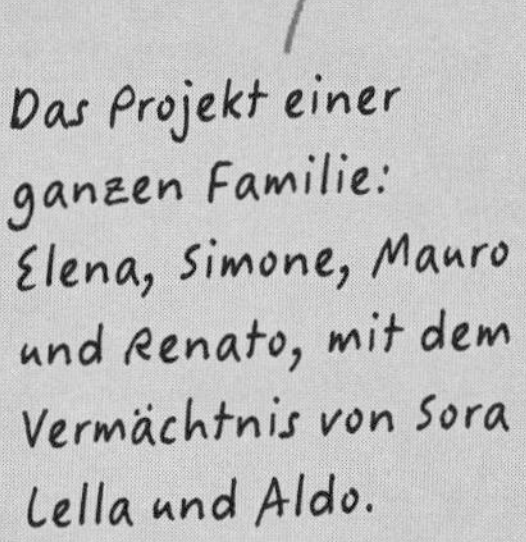

Das Projekt einer ganzen Familie: Elena, Simone, Mauro und Renato, mit dem Vermächtnis von Sora Lella und Aldo.

BEVOR ES AN DIE REZEPTE GEHT

Prima delle ricette

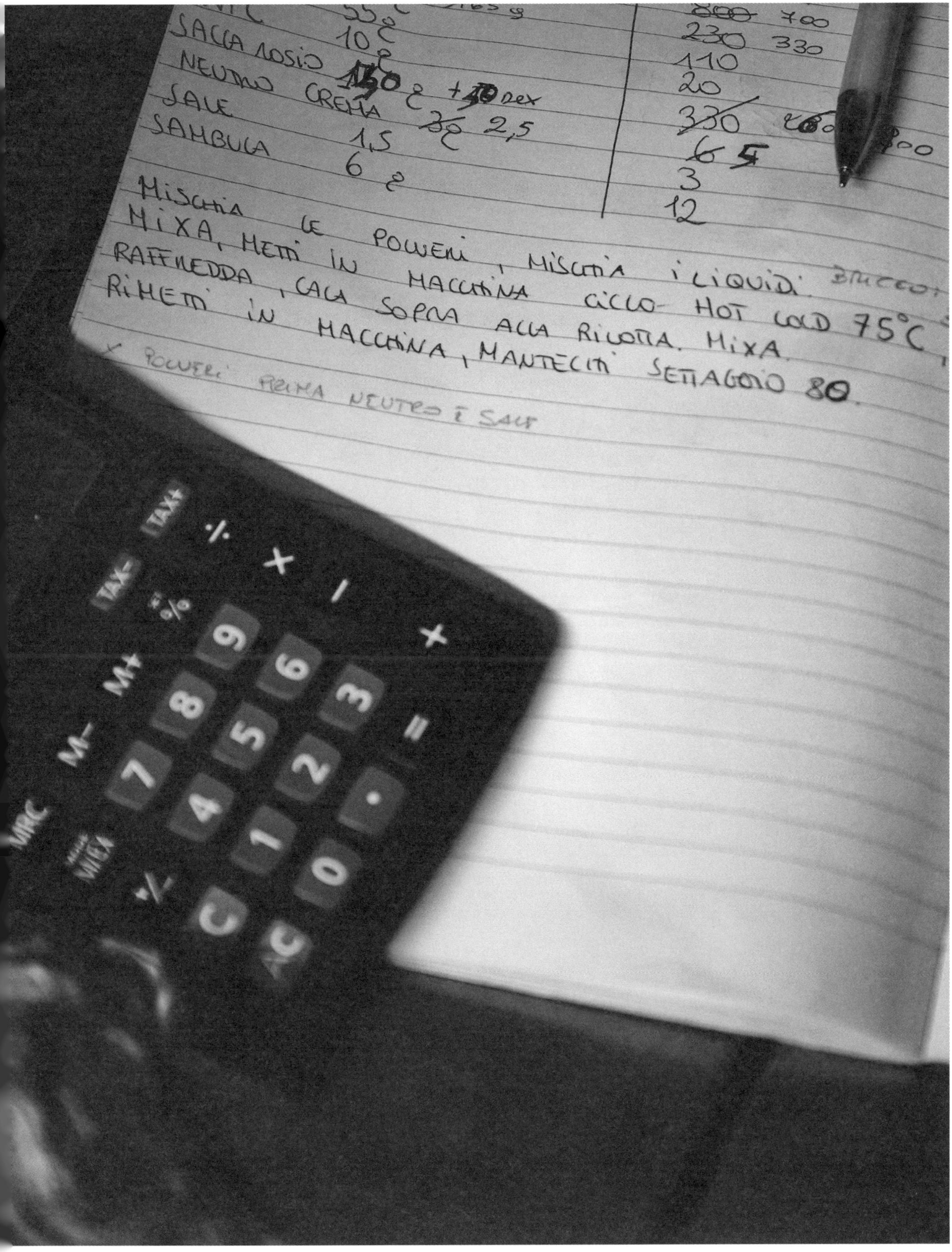

SACCAROSIO 10 g
NEUTRO CREMA
SALE 1,5
SAMBUCA 6 g

MISCHIA LE POLVERI, MISCHIA I LIQUIDI.
MIXA, METTI IN MACCHINA CICLO HOT COLD 75°C
RAFFREDDA, CALA SOPRA ALLA RICOTTA. MIXA.
RIMETTI IN MACCHINA, MANTECITI SETTAGGIO 80.
X POLVERI PRIMA NEUTRO E SALE

Mündliche Überlieferungen in eine schriftliche und mit anderen teilbare Form zu bringen, gleicht einem kleinen Wunder: Wie in einem sehr seltenen Rezept mischen sich Teile des Alten und Unbekannten, des Entdeckens und der Kultur, der Neugier und der Wunsch, ein Zeichen zu hinterlassen und ein Geschenk zu machen. Ein Ausdruck von Großzügigkeit und ein Zeugnis von Wissen, dem man seine Signatur verleiht, es aber auch in andere Hände übergibt. Es bedeutet, das Gedächtnis einer Familie und einer Stadt nachzubilden und für eine von Veränderungen und Experimenten geprägte Zukunft bereitzumachen. Innezuhalten, um zu sehen, wo man hingekommen ist, aber auch, um erneut auf Reisen zu gehen.

All dies beinhaltet der Akt, das mündliche (und praktische) Wissen über die Dinge, die die Trattoria *Sora Lella* ausgemacht haben, erstmals auf ein Blatt Papier zu bringen, von *nonna* Lellas ureigensten Fähigkeiten bis hin zu Renatos vielschichtiger Kompetenz. In diesen Rezepten steckt die Geschichte einer Person, die anfangs nur schwer eine Mahlzeit am Tag zubereiten konnte und aus all den Dingen, die irgendwo zu ergattern waren, Gerichte erfand, verbunden mit der Freude, jeden *piatto povero* zu einem leckeren Essen zu verwandeln, sei es auch noch so schlicht. Da sind die Sonntage am Meer und die Picknickausflüge, die Gerüche der Mauern

von zu Hause, die Suche nach Lieferanten, die Familienerzählungen, die Liebe der Großeltern und die Verbundenheit der Geschwister, die kulinarische Kultur der Region, der Genuss guter Dinge, die Fähigkeit, mit Kunden umzugehen, die Geschichte Roms, die Berühmtheit und die harte Arbeit. Das Leben, das uns einfach mit sich zieht.

Dieses Leben ist nicht immer linear wie eine gut asphaltierte Straße oder wissenschaftlich präzise, es besteht vielmehr aus endlosen Einigungen und Anpassungen: Eine ähnliche Lebendigkeit steckt in den Worten, mit denen Renato die Rezepte in schriftlicher Form festgehalten hat. Diese Lebendigkeit so weit wie möglich beizubehalten, war uns ein wichtiges Anliegen.

Daher finden sich immer wieder »lebensnahe«, handschriftliche Einschübe von Äußerungen oder Redewendungen, manchmal im römischen Dialekt, meist aber für jeden leicht verständlich.

Eine Angabe zur Gesamtdauer der Zubereitung und der Garzeit der Rezepte ist in diesem Buch nicht zu finden. Manchmal können diese sich auch über einen ganzen Tag erstrecken (beispielsweise zum Einweichen von Kichererbsen), auch weil zur Dauer sowohl das eigene Ruhen als auch das Ruhenlassen der Zutaten gehört, und die Zeit dafür hat oft mit dem unterschiedlichen Alltag der Menschen zu tun.

Anstelle des sonst in italienischen Kochbüchern so häufig anzutreffenden *q. b. = quanto basta* (so viel wie nötig) werden hier im Buch Angaben verwendet wie *eine Prise, eine kleine Prise, eine große Prise, eine Handvoll etc. …* Im Grunde ist es der bessere Ansatz, sich gemeinsam darüber klar zu werden, dass man von manchen Dingen eben so viel zugibt, wie es für den momentanen Geschmack und die momentane Laune genug ist.

Die erste Person der Anekdoten oder der Anmerkungen bei einigen Rezepten bezieht sich auf Renato.

Einige allgemeine Hinweise

- Beim Kochen auf Gas oder Induktion bedeutet niedrige Stufe 1–3, mittlere Stufe 4–7 und hohe Stufe 8–10.
- Wenn warmes Wasser zugegeben werden soll, können Sie für einen kräftigeren Geschmack stattdessen auch Gemüsebrühe verwenden.
- Unter Pfanne ist eine Pfanne aus Aluminium oder eine mit Antihaftbeschichtung zu verstehen. In der Trattoria wird für die *amatriciana* und für *frittata* eine aus Eisen verwendet, so empfehlen wir es auch im Buch.
- Eintöpfe und Suppen sollten nach der Garzeit immer mindestens 1 Stunde abkühlen und dann einige Stunden im Kühlschrank ziehen. Am besten macht man sie morgens für den Abend, noch besser für den nächsten Tag!
- Getrocknete Nudeln gibt es in vielen verschiedenen Qualitätsstufen: In der Trattoria werden immer *pasta di Gragnano*, Hartweizennudeln mit geschützter Herkunftsbezeichnung, verwendet, die mit Bronzematrizen hergestellt werden.
- Die Verwendung von Traubenessig legen wir Ihnen ans Herz, aber ersatzweise geht Weinessig ebenso gut.
- Die Zeiten und die Vorgehensweise sind auf der Grundlage der Gerätschaften und Methoden unserer Trattoria-Küche angegeben, aber natürlich kann es je nach verwendeten Materialien, Zutaten und Küchengeräten Abweichungen geben.
- Die richtige Temperatur des Öls lässt sich leicht mit einem Kräuterstängel prüfen oder mit einer kleinen Menge einer Zutat: Bilden sich beim Kontakt mit dem Öl kleine Blasen, dann hat es eine Temperatur von etwa 175 °C, heiß genug also zum Frittieren.
- *Peperoncino* (Chilischote) kann frisch, getrocknet oder auch gemahlen verwendet werden. Wo nicht anders angegeben, werden in der Trattoria grob gemahlene getrocknete Chilischoten verwendet.

Einige Grundrezepte

Sardellensauce für Puntarelle
Salsa delle puntarelle

Das Öl von den Sardellen sorgfältig abtropfen lassen. Diese dann mit dem Knoblauch, dem Essig und dem Olivenöl in eine Schüssel geben und mit einem Stabmixer einige Sekunden pürieren.

Anschließend 15 Minuten ruhen lassen. Mit Salz und Pfeffer abschmecken und erneut durchquirlen. Die Sauce hält sich in einem fest verschlossenen Behälter im Kühlschrank bis zu 10 Tage.

Zutaten

4 Sardellenfilets in Öl
2 Knoblauchzehen, klein gehackt
50 ml Traubenessig
200 ml natives Olivenöl extra
Salz und Peffer aus der Mühle

Unser Pfeffermix
Mix di pepi

Die Pfeffersorten in gleichen Anteilen auf ein Backblech geben und im Ofen bei 150 °C etwa 15 Minuten rösten. Auf Zimmertemperatur abkühlen lassen und die Mischung fest verschlossen in einer Dose aufbewahren. Bei Bedarf in der Pfeffermühle oder im Mörser mahlen.

Zutaten

weißer Muntok-Pfeffer (Indonesien)
schwarzer Kubeben-Pfeffer (Java)
schwarzer Sarawak-Pfeffer (Malaysia)
Tasmanischer Bergpfeffer (Australien)
Voatsiperifery-Pfeffer (Madagaskar)

Knoblauchcreme
Crema d'aglio

6–7 Knoblauchknollen in Zehen teilen und diese etwa 30 Minuten in Wasser einlegen, dann abziehen und, wenn vorhanden, den Keim entfernen. Das Wasser zum Kochen bringen und die Zehen darin 25 Minuten kochen lassen. Abgießen und mit einem Stabmixer pürieren, dabei so viel Olivenöl in einem feinen Strahl zugießen, bis eine feine Creme entstanden ist. Die Knoblauchcreme hält sich in einem dicht schließenden Behälter bis zu 10 Tage.

Zutaten

6-7 Knoblauchknollen
Olivenöl

Zutaten

1 Zweig Rosmarin
1 Zweig Salbei
Loorbeerblätter

Kräutersträusschen

Mazzetto aromatico

Je 1 Zweig Rosmarin und Salbei sowie ein paar Lorbeerblätter mit Küchengarn zusammenbinden – das ist der Basisstrauß. Nach Belieben kann man ihn durch frischen Thymian oder Majoran ergänzen.

Zutaten

1 Staudensellerie

Staudensellerie putzen

Pulizia del sedano

Vor der Verwendung sollte man den Sellerie von den faserigen Teilen befreien. Das geht einfach, indem man den Stängel abzieht.

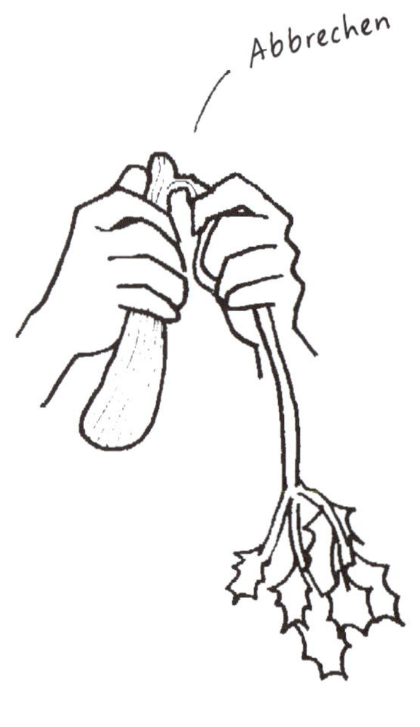

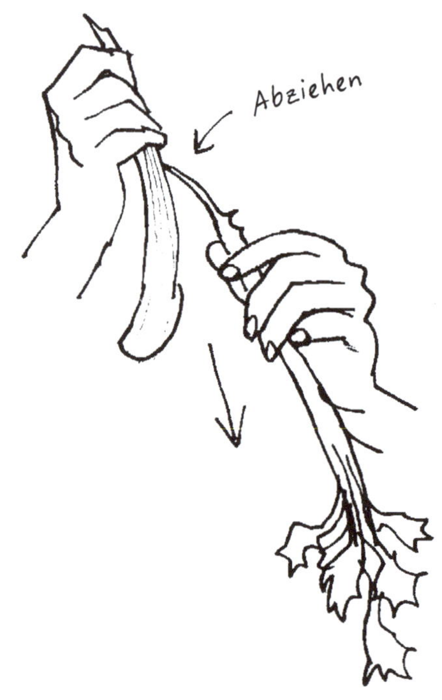

Gnocchi

Fünf Dinge, die es für die Zubereitung von Gnocchi, die auf der Zunge zergehen sollen, zu beachten gilt:

1. Mehligkochende Kartoffeln verwenden: Sie sind am geeignetsten, da sie mehr Stärke enthalten und somit bei der Bearbeitung weniger Mehl benötigen.

2. Die Kartoffeln müssen immer kalt zu einem Teig geknetet werden, sonst entwickeln sie Dampf, brauchen mehr Mehl und schmecken am Ende gummiartiger.

3. Den Teig nicht zu stark kneten: Durch Wärme und Kraft der Hände würde die Stärke zusätzlich aktiviert werden, sodass der Teig klebrig wird und mehr Mehl erforderlich macht.

4. Nach der Fertigstellung des Teigs die Gnocchi sofort formen und garen. Wartet man zu lange, werden sie durch die Umgebungsfeuchtigkeit zu klebrig, weil die enthaltene Stärke dann Feuchtigkeit aufnimmt und die Struktur verloren geht.

5. Die Gnocchi nicht in zu stark sprudelndem Wasser kochen, da sie so leichter auseinanderfallen könnten.

MILCHLAMM

L'abbachio

Überall in Italien und weit darüber hinaus verbindet man *abbacchio* mit der römischen Küche: Seine Bedeutung in der landwirtschaftlichen Geschichte des Latiums, in heimischen Küchen sowie auf den Tischen traditioneller Lokale hat immer schon die Naturlandschaft und das Innenleben Roms geprägt. Schaut man auf die Speisekarte der Trattoria *Sora Lella*, ist das Milchlamm der Mittelpunkt vieler traditioneller Gerichte, aber auch einer anhaltenden kulinarischen Weiterentwicklung.

»Das Schafsjunge, das noch gesäugt wird oder erst seit Kurzem entwöhnt ist«: So etwa definierte Filippo Chiappini in der zweiten Hälfte des 19. Jahrhunderts das Milchlamm. Er war ein Mundartdichter, Berater für die Verwendung des römischen Dialekts in der von Luigi Morandi herausgegebenen Auflage der Sonette von Belli und vor allem Autor eines *Vocabolario Romanesco*. Das Lamm dagegen beschreibt er als ein Schafsjunges, das fast ein Jahr alt ist und bereits zweimal geschoren wurde. *»In Florenz unterscheidet man nicht, dort heißt beides ›agnello‹«*. In Rom unterscheidet man sehr wohl, und wie, und das erfährt man schon als Kind: *Abbacchio* lernt man gleich nach der Muttermilch als eines der ersten Familiengerichte kennen, es begleitet die kulinarischen Entdeckungen, leitet den persönlichen Geschmack. Und der Unterschied liegt (und das ist in der Küche entscheidend) in der Größe des Tieres, der Zartheit und dem Duft des Fleischs, das zudem sehr fettarm ist.

In der Region Latium, insbesondere um Rom herum, war die Schafzucht immer schon eine *cosa seria*, eine wichtige Angelegenheit. Die Begriffe *pecora* (Schaf) und *pecunia* (Geld) leiten sich beide vom Lateinischen *pecus* (Vieh) ab, dem einzigen wahren Reichtum und zudem Tauschwährung einer alten auf Viehzucht beruhenden Wirtschaft wie der römischen: ein landwirtschaftliches und kulturelles Erbe und seit jeher Bindeglied zwischen Mensch und Natur. Bis heute prägt es die Landschaft rings um eine Stadt, in deren Mitte eines der weltweit beliebtesten Reiseziele liegt. Rom steht auch für die Beständigkeit seiner weitläufigen Felder, wo die *figli della pecora*, Schafsjungen, wild oder halb wild lebend aufgezogen und von der Mutter gesäugt werden.

In der Küche von Sora Lella hat das Milchlamm gleich mit Renato, Elenas Ehemann, Einzug gehalten, der als Träger am Schlachthof Roms arbeitete und damals vielleicht noch nicht ein normales Jungtier von denen unterscheiden konnte, die der römische Satiriker Juvenal als »die zartesten der Herde« beschrieb, die noch kein Gras gefressen hatten und nur von Milch ernährt worden waren. Renato brachte das mit nach Hause, was er auftreiben konnte, und genau aus dem heraus entstand

Elenas Küche, denn sie lernte, mit dem zu kochen, was ihr Mann vom Schlachthof mitbringen konnte. Enkel Renato weiß heute genau, wie man die besten Milchlämmer auswählt, um das hohe Qualitätsniveau einer Küche zu erhalten, der es immer gelingen sollte, aus den eigenen Ursprüngen zu schöpfen.

Die Milchlämmer aus dem Latium stehen im Mittelpunkt abgerundeter und saftiger traditioneller Gerichte, die mit anderen grundlegenden Zutaten der kulinarischen Geschichte Roms kombiniert werden.

Zu den gefragtesten Rezepten in der Trattoria gehören *abbacchio alla cacciatora*(nach Jägerart) mit Knoblauch und *salsa delle puntarelle*, dann *abbacchio brodettato* mit einer köstlichen Eiersauce, die *braciolette d'abbacchio impanate e fritte*, zu denen *puntarelle* gereicht werden (an denen es nie mangelt, genau wie sie stets auch einen festen Platz beim Weihnachtsmahl der Familie von Sora Lella hatten), und die *braciolette scottadito*, Koteletts, die ihren Namen den Schäfern verdanken, die das Fleisch auf den Feldern über offenem Feuer garten und mit den Fingern aßen. Außerdem die leckere *coscio di abbacchio al forno*, Lammkeule aus dem Ofen: In den 60er- und 70er-Jahren stand am Eingang der Trattoria gut sichtbar die *mostra del ristorante*, eine Vitrine, in der vorbereitete Speisen wie Antipasti ausgestellt waren sowie auch die gerade erst fertiggestellten wie Lamm aus dem Ofen. Und jedes Mal, wenn Sora Lella daran vorbeikam, konnte sie nicht widerstehen, ein Stückchen davon zu stibitzen.

Milchlamm nach Jägerart

Abbacchio alla cacciatora

Die Lammschultern grob in jeweils fünf Stücke zerteilen. Eine beschichtete Pfanne mit ein wenig Olivenöl darin warm werden lassen. Die Fleischstücke in die Pfanne legen und auf mittlerer Stufe von beiden Seiten leicht anrösten.

Wenn sie rundum goldbraun gebraten sind, die Temperatur reduzieren, den Knoblauch vom Keim befreien, hacken und zugeben.

Wenn auch der Knoblauch goldbraun ist, das Tomatenmark und die *salsa delle puntarelle* zugeben und einige Minuten andünsten. Mit dem Weißwein ablöschen und den Alkohol verdunsten lassen. Die Nadeln eines Rosmarinzweigs mit einem Messer fein hacken, in die Pfanne geben und alles mit Salz und Pfeffer würzen.

Einige Minuten köcheln lassen, dann 1,5 l Wasser angießen und zum Kochen bringen. Bei leicht geöffnetem Deckel auf niedriger Stufe etwa 40 Minuten köcheln lassen, bis das Fleisch schön zart ist. Dann die Pfanne vom Herd nehmen, das Fleisch herausheben und auf einer Servierplatte anrichten.

Die Bratensauce durch ein feines Sieb abseihen, über die Fleischstücke gießen und mit dem übrigen Rosmarinzweig garniert servieren.

Zutaten für 4 Personen

2 kg Lammschulter
das geschmacklich beste Fleisch!
natives Olivenöl extra
3 Knoblauchzehen
1 TL Tomatenmark
1 EL *salsa delle puntarelle*
(siehe Seite 49)
1 Glas trockener Weißwein
2 Zweige frischer Rosmarin
Salz und schwarzer Pfeffer aus der Mühle

Der Keim ist der innere Teil der Knoblauchzehe. Manchmal, vor allem, wenn er grün wird, kann er bitter schmecken, sodass es von Vorteil sein kann, ihn zu entfernen.

Milchlamm in Eiersauce

Abbacchio brodettato

Die Lammschultern in jeweils fünf Stücke zerteilen und mit etwas Olivenöl in einer beschichteten Pfanne auf mittlerer Stufe anbraten. Wenn das Fleisch rundum schön goldbraun ist, die Temperatur reduzieren, den mit einem Messer angedrückten Knoblauch sowie das Kräutersträußchen zugeben und ziehen lassen. Dann das Tomatenmark sowie die *salsa delle puntarelle* zugeben und mit Salz und Pfeffer abschmecken. Der Knoblauch hat nun seinen Teil beigetragen und kann herausgenommen werden. Alles unter Rühren mit einem Holzlöffel oder einem anderen hitzefesten Kochlöffel einige Minuten durchziehen lassen.

Den Wein angießen und den Herd auf eine höhere Stufe stellen. Sobald der Alkohol verdunstet ist, etwa 1,5 l Wasser angießen und zum Kochen bringen. Dann auf eine niedrige Stufe herunterschalten und bei leicht geöffnetem Deckel köcheln lassen. Nach 30 Minuten den Herd ausschalten und den Pfanneninhalt lauwarm werden lassen. Den Zitronenabrieb darübergeben und einige Minuten durchziehen lassen.

In der Zwischenzeit in einer Schüssel die Eier mit 1 Prise Salz, dem Parmesan und etwas Petersilie verquirlen. Die Pfanne auf niedriger Stufe wieder erhitzen. Die Eiermasse über die Fleischstücke gießen und unter Rühren leicht stocken lassen, bis eine cremige Sauce entsteht. Dann vom Herd nehmen.

Die Fleischstücke mit der Sauce auf Tellern anrichten, mit etwas Petersilie bestreuen und servieren.

Zutaten für 4 Personen

2 kg Lammschulter
natives Olivenöl extra
2 Knoblauchzehen
1 Kräutersträußchen aus Lorbeer, Rosmarin, Salbei (siehe Seite 50)
1 TL Tomatenmark
1 EL *salsa delle puntarelle* (siehe Seite 49)
Salz
schwarzer Pfeffer aus der Mühle
1 Glas trockener Weißwein
Abrieb von ½ Bio-Zitrone
4 Bio-Eier
1 Handvoll frisch geriebener Parmigiano Reggiano
frisch gehackte Petersilie

Achtung: Wenn man das verquirlte Ei in die Pfanne über das Fleisch gießt, sollte die Pfanne beim Rühren nicht direkt auf der Hitzequelle stehen, sondern nur geschwenkt werden.

Lammkoteletts mit Zwiebel-Kartoffelpüree

Braciolette d'abbacchio a scottadito con schiacciata di patate al rosmarino e cipolla

Zutaten für 4 Personen

1 Zweig Rosmarin
natives Olivenöl extra
1,5 kg Lammkoteletts
2 Knoblauchzehen, grob gehackt
Salz
schwarzer Pfeffer aus der Mühle

Entspricht 3 Koteletts pro Person. Am besten vom Metzger flach klopfen lassen.

Für das Kartoffelpüree

4 mittelgroße vorwiegend festkochende Kartoffeln (ideal wären solche mit roter Schale)
natives Olivenöl extra
2 gelbe Zwiebeln, in dicke Scheiben geschnitten
frisch gehackte Rosmarinnadeln
Salz
schwarzer Pfeffer aus der Mühle

Zunächst wird mit dem Rosmarin ein Aromaöl zubereitet. Dazu die gewünschte Menge Olivenöl mit dem Rosmarin (½ Zweig für 300 ml Olivenöl) in einem kleinen Topf auf sehr niedriger Stufe 2 Minuten (nicht länger) erwärmen. Den Herd ausschalten und das Öl einige Stunden im geschlossenen Topf durchziehen lassen, damit es das Aroma gut aufnehmen kann.

In einer Schale die Koteletts mit dem Aromaöl und dem grob gehackten Knoblauch vermengen (noch kein Salz zugeben!). Die Gewürze kräftig in das Fleisch einreiben, damit sie schön einziehen.

Eine Aluminiumpfanne oder eine beschichtete Pfanne (oder auch eine glatte Grillpfanne) sehr leicht mit Olivenöl einfetten und erhitzen. Wenn die Pfanne richtig heiß ist, die Koteletts hineinlegen und auf mittlerer Stufe weiterbraten. Wenn sie außen schön gebräunt sind und innen nicht mehr rosa, noch einmal kurz stärker erhitzen, aber Vorsicht, sie dürfen nicht trocken werden.

Für das Püree die Kartoffeln unter fließendem Wasser sorgfältig abbürsten und mit kaltem, ungesalzenem Wasser in einen Topf geben. Zum Kochen bringen und dann etwa 40 Minuten garen lassen. Mit einem spitzen Messer eine Kartoffel anstechen: Lässt es sich leicht hineinstechen, sind die Kartoffeln gar und können abgegossen werden. Etwas Olivenöl und die Zwiebelscheiben in einer Pfanne erhitzen, bis die Zwiebeln weich sind. Zwischendurch etwas warmes Wasser hinzufügen. Die Kartoffeln pellen und noch warm sorgfältig zerstampfen. Dann zu den Zwiebeln in die Pfanne geben und noch etwas Wasser zugießen, damit das Püree weich bleibt. Alles etwa 10 Minuten unter Rühren durchziehen lassen. Zum Schluss den gehackten Rosmarin untermengen, mit Salz und Pfeffer abschmecken und noch etwas Olivenöl darübergeben.

Überschüssiges Öl der Pfanne abgießen. Die Koteletts auf Tellern anrichten, mit Salz und Pfeffer würzen und mit dem Kartoffelpüree als Beilage servieren. Nach Belieben kann das Gericht mit einem Zitronenschnitz sowie etwas von dem Rosmarinöl garniert werden.

Lammkeule aus dem Ofen mit Kartoffelpüree

Coscio di abbacchio al forno con schiacciata di patate

Der erste Schritt ist die *porchettatura* des Lamms, also die Vorbereitung des Fleischs: Dazu etwas Salz, Pfeffer sowie die zerdrückten und fein gehackten Knoblauchzehen und die Rosmarinnadeln sorgfältig mischen. In die Keule einige Löcher einstechen und etwas von dem Würzmix hineingeben, mit dem Rest die Außenseite einreiben. Die Keule mit Küchengarn fest zusammenbinden, damit sie beim Garen nicht auseinanderfällt. Alternativ kann auch ein Rollbratennetz verwendet werden.

Den Backofen auf 200 °C vorheizen. Einen etwa 40 × 25 cm großen Bräter mit etwa 10 cm hohem Rand bereitstellen (die Größe passt zur angegebenen Menge Fleisch). Zwiebel, Karotte und Sellerie putzen und hacken (den Sellerie von den faserigen Teilen befreien), alles auf dem Boden des Bräters verteilen und mit etwas Olivenöl beträufeln.

Die Keule in die Form legen und in den Backofen schieben. Nach 10 Minuten die Form herausnehmen, die Keule wenden, das Gemüse durchrühren und erneut für 10 Minuten in den Ofen schieben. Wenn die Keule auf beiden Seiten angebraten ist, den Weißwein und so viel Wasser angießen, dass die Form etwa zur Hälfte gefüllt ist. Wichtig ist, dass das Wasser die Keule nicht bedeckt. Die Form zurück in den Ofen stellen und mindestens 1 Stunde garen, dabei das Fleisch etwa alle 10 Minuten wenden.

Die Keule ist durchgebraten, wenn sich ein kleines scharfes Messer ohne Widerstand in das Fleisch stechen lässt. Die Form dann aus dem Ofen nehmen und die Keule zum Abkühlen auf einen Teller legen. Den Bräter auf mittlerer Stufe auf den Herd stellen und den Bratensatz mit etwas Wasser lösen. Zum Kochen bringen und dabei mit einem Pfannenwender den am Topfboden klebenden Bratensatz abkratzen.

Zutaten für 4 Personen

Salz
schwarzer Pfeffer aus der Mühle
3 Knoblauchzehen
frisch gehackte Rosmarinnadeln
1 Lammkeule (etwa 1,2 kg)
1 gelbe Zwiebel
1 Karotte
2 Stangen Staudensellerie
natives Olivenöl extra
1 Glas trockener Weißwein
Mehl (ersatzweise Maisstärke)

Küchengarn oder Rollbratennetz

Nach ein paar Minuten den Herd ausschalten, den Bratenfond durch ein kleines Sieb abseihen und einige Stunden in den Kühlschrank stellen. Auf diese Weise steigt das Fett an die Oberfläche und lässt sich später leichter entfernen.

Den sorgfältig vom Fett befreiten Bratenfond in einem Schmortopf zum Kochen bringen und mit Salz und Pfeffer abschmecken. Die Flüssigkeit leicht reduzieren, dann etwas Mehl mit Wasser anrühren und hinzufügen.

Die abgekühlte Keule auf ein Brett legen, mit einem scharfen Messer in vier Portionen teilen und diese mit der Sauce und etwas Wasser in eine Pfanne geben. Zum Kochen bringen und 2 Minuten garen lassen, dabei das Fleisch immer wieder mit der Sauce beträufeln.

Nun die Portionen auf Teller verteilen, die Sauce darüberträufeln und das Kartoffelpüree als Beilage dazureichen.

(siehe seite 60)

Panierte Lammkoteletts mit Puntarelle in Sardellensauce

Braciolette d'abbacchio impanate e fritte con puntarelle in salsa d'alici

Zutaten für 4 Personen

8 Lammkoteletts
Mehl
3 Bio-Eier, verquirlt
Salz
280 g Semmelbrösel
getrockneter und gemahlener Salbei und/oder Rosmarin
¾ l Sonnenblumen- oder Erdnussöl
Zitronenspalten, nach Belieben
puntarelle (Spargelchicorée) in Sardellensauce (Rezept Seite 153)

Mit einem kleinen Messer das Bindegewebe, das einen Teil der Koteletts überzieht, vom Knochen trennen, dann behutsam das Fleisch in Längsrichtung am Knochen entlang bis zur Lende parieren und darum verknoten.

Die Fleischstücke am Knochenende mit einem Fleischklopfer flach klopfen und mit etwas Mehl bestäuben.

Die verquirlten Eier in einer flachen Schale mit 1 Prise Salz verrühren. In eine zweite Schale die Semmelbrösel geben, nach Belieben mit etwas Salbei oder Rosmarin (oder beidem) würzen. Die Koteletts nun einzeln zuerst im Ei wenden, dann in den Semmelbröseln. Für eine doppelte Panade diese Schritte wiederholen.

Das Öl in einer Pfanne auf etwa 175 °C erhitzen. Das Öl ist heiß genug, wenn es sofort anfängt zu zischen, sobald man eine Zutat hineingibt. Dann die Koteletts in die Pfanne legen und hin und wieder mit etwas Öl beträufeln. Sie sind gar, wenn sie schön goldgelb aussehen. Einzeln mit einem Schaumlöffel herausnehmen, das Fett abtropfen lassen und auf einen mit Küchenpapier ausgelegten Teller legen. Die Fleischstücke salzen und auf Teller verteilen. Nach Belieben mit einem Zitronenschnitz garnieren und mit einer Handvoll servierfertiger *puntarelle* servieren.

Das kann man zum Beispiel mit einem Petersilienstängel gut testen.

DIE ARTISCHOCKE

Il carciofo

Artischocken zu putzen, ist in Rom nicht nur eine komplizierte Technik, sondern eine Kunst, die gelernt und gelehrt wird. Artischocken zu putzen, ist hier ein Ritual, von den Märkten bis in die Küchen, von den Straßen bis in die Häuser, von den Großmüttern bis zu den Enkelkindern.

Artischocken sorgfältig zu putzen und vorzubereiten, ist ein Ritual und eine Geste der Zuneigung, sicher, aber es ist vor allem so wichtig, damit das Artischockengericht am Ende auch schmeckt.

Artischocken sind in der römischen Küchentradition seit der Antike belegt und hochgeschätzt: Zitate darüber gibt es viele, von *De re rustica* von *Columella* über *Naturalis Historia* von Plinius dem Älteren bis hin zu den Rezepten von Apicius. Auch im Inneren einiger Gräber der etruskischen Nekropole von Tarquinia wurden Wandbilder entdeckt, die ihre Verwendung bezeugen. Die wichtigsten Anbaugebiete der *cimaroli*, wie Artischocken in Rom genannt werden, liegen in drei einzugrenzenden Gegenden des Latium, in den Provinzen Viterbo, Rom und Latina. Die Küstenregion zwischen Fiumicino und Ladispoli ist das historisch gesehen für den Artischockenanbau bedeutendste Gebiet, dann die Gemeinden von Lariano, Campagnano, Tarquinia, Tolfa und Allumiere, aber auch von Sezze, Priverno, Sermoneta und Pontinia. Alles Böden, die reich an Eisen sind, genau wie auch die Artischocke reich an Eisen ist.

Der *carciofo romanesco*, die römische Artischocke, ist unverwechselbar, nicht nur ihrer Größe und Form wegen, sondern auch aufgrund ihres Geschmacks. Der mittlere Blütenkopf, der eigentliche *cimarolo* (die Spitze, auch *mammola* genannt), hat einen mehr als 10 cm großen Durchmesser, ist rund und kompakt und hat, ganz wichtig, keine Dornen. Sie ist die beliebteste und gefragteste Sorte, da sie die zartesten Blütenstände hat. Im Jahr 2002 erhielt sie das Label als Produkt mit »Geschützter Geografischer Angabe« und heißt seitdem *carciofo romanesco del Lazio IGP*.

Im Handel findet man Artischocken von Januar bis Mai, Monate, in denen sie auf der Speisekarte der Trattoria *Sora Lella* zum Mittelpunkt zahlreicher traditioneller römischer Gerichte werden: Die unwiderstehlichen *carciofi alla romana* mit Minze, Petersilie und Knoblauch, aber auch frittiert *alla Giudia*, als ideale Beilage zu *animelle* (Bries) oder *coratella* (Innereien), denn ihr besonderes Aroma, leicht bitter und eisenartig, aber mit süßlichem Nachgeschmack, ergänzt die Süße des *quinto quarto* (römischer Begriff für Innereien) aufs Beste. In der Trattoria *Sora Lella* ist die römische Artischocke mehr als nur zu Hause.

Aus einer Erzählung in Aldos Buch … *Eines Tages traten Kunden in die Trattoria ein: »Macht ihr hier gute* carciofi alla romana*?« Voller Überzeugung antwortete ich »ja«, in der Gewissheit, einen guten Eindruck zu hinterlassen. Es war Mitte März, wenn die römischen Artischocken auf ihrem geschmacklichen Höhepunkt sind. Mein Vater brachte vom Markt riesige Exemplare mit (so große habe ich danach jahrelang nicht mehr gesehen!). Sie bestellten je eine pro Person. Als ich sie an den Tisch brachte, rissen sie die Augen auf und aßen geradezu gierig. Anschließend bestellten sie nochmals jeweils zwei, und der Herr, der das Oberhaupt des Trios zu sein schien, schnitt eine der Artischocken in der Mitte durch, um zu sehen, was darin war. Als auch diese aufgegessen waren, man mag es ja kaum glauben, da bestellten sie noch einmal sechs, sodass meine Mutter in der Küche sagte: »Oh, was wird das denn, ernähren die sich nur von Artischocken? Schlimm, wie gierig die sind, am Ende stehen wir hier ohne Artischocken, und was bieten wir dann heute Abend den anderen Gästen an?«*

Artischocken auf römische Art

Carciofi alla romana

Zunächst die äußeren und harten Blätter der Artischocken abziehen, bis die helleren und zarteren übrig bleiben. Dann wird die Artischocke zu einer *palla*, einer Kugel, geformt: Mit einem kleinen, scharfen Messer mit glatter Klinge die Artischocke einschneiden und die Blätter in Teilen abschneiden, dabei die Artischocke entgegen dem Uhrzeigersinn drehen (das Messer zugleich im Uhrzeigersinn bewegen). Die Stiele schälen, aber nicht zu gründlich, damit sie nach dem Garen schön fleischig sind. Die Artischocken an der Oberfläche mit der Zitronenhälfte einreiben, damit sie nicht schwarz werden. Den Kopf der Artischocke auf ein Brett schlagen, sodass sich die Blätter öffnen und man die Füllung besser hineingeben kann.

Die Minze- und Petersilienblätter von den Stängeln zupfen und fein hacken. Jeweils die Hälfte davon in einer Schüssel sorgfältig mit etwas Salz, Pfeffer und 1 EL *salsa delle puntarelle* vermischen und in jede Artischocke etwas von dieser Mischung geben. Den Knoblauch in Stückchen schneiden, etwas Olivenöl in eine ausreichend hohe Form oder Pfanne geben und den Knoblauch sowie den größten Teil der übrig gebliebenen Petersilie darin auf niedriger Stufe erhitzen. Die Artischocken darin von allen vier Seiten und auf der Kopfseite behutsam anbraten. Mit Salz und Pfeffer würzen und die Artischocken mit dem Kopf nach unten im Topf stehen lassen.

Mit dem Wein ablöschen und die restliche gehackte Minze zugeben. Noch etwas Olivenöl angießen und dann bis zum Stielansatz mit Wasser auffüllen (sodass die Köpfe ganz bedeckt sind). Ein Blatt Backpapier anfeuchten, sorgfältig auswringen und als Deckel auf den Topf legen. Dann zusätzlich einen richtigen Deckel auflegen. Auf mittlerer Stufe dann etwa 25 Minuten leise köcheln lassen, bis der Stiel weich geworden ist (das fühlt man, wenn man mit zwei Fingern drückt).

Wenn sie gar sind, den Topf vom Herd nehmen und die Artischocken 10 Minuten ruhen lassen. Vorsichtig auf Teller verteilen, sodass sich die Blätter nicht ablösen.

Das Kochwasser aufwärmen, mit Olivenöl zu einer Emulsion rühren und dann noch warm über die Artischocken gießen. Anschließend mit noch etwas mehr Olivenöl beträufeln und mit der restlichen gehackten Petersilie bestreuen.

Zutaten für 4 Personen

4 große Artischocken, möglichst Sorte »Romanesco«, sonst andere große, runde Artischocken
½ Zitrone
1 großes Bund frische Minze
1 großes Bund frische Petersilie
Salz
Pfeffer aus der Mühle
1 EL *salsa delle puntarelle*
(siehe Seite 49)
3 Knoblauchzehen
natives Olivenöl extra
1 Glas trockener Weißwein

Artischocken auf jüdische Art

Carciofi alla giudia

Zum Putzen der Artischocken zunächst so viele der äußeren Blätter abziehen, bis man an die Blätter gelangt, die unten sehr hell sind. Mit einem scharfen Messer mit glatter Klinge die obere Hälfte der Blätter abschneiden und von den verbliebenen Blättern rundherum den harten, holzigen Teil entfernen. Nun 1 cm unter der Oberseite einschneiden und mit dem scharfen Messer aushöhlen, insbesondere das Heu und eventuelle harte Spitzen. Den Stiel leicht abschälen.

Die Artischocke umdrehen und auf ein Holzbrett schlagen, damit die Blätter weicher werden. Dann mit dem Daumen die Blätter nach außen drücken, sodass sich die Artischocke beim Garen leichter öffnet und die klassische Blütenform annimmt. Die Oberflächen der Artischocken mit der Zitrone einreiben, damit sie nicht dunkel werden.

In einem Schmortopf mit hohem Rand das Öl für den ersten Gardurchgang auf niedrigster Stufe erhitzen. Nach etwa 10 Minuten die Artischocken in das warme (aber nicht kochende) Öl geben und etwa 20 Minuten garen. Mit zwei Fingern prüfen: Dazu den Boden der Artischocke mit Zeigefinger und Daumen andrücken; fühlt es sich weich an, sind sie gar. Mit dem Kopf nach unten auf saugfähiges Küchenpapier legen.

Kurz vor dem Servieren das Öl auf 175 °C erhitzen (in diesem Fall die Hitze mit einem Artischockenblatt prüfen), die Blätter gut auseinanderziehen, ohne sie zu entfernen, und die Artischocken für 3 Minuten in das heiße Öl geben. Sie sollten knusprig und schön angebrutzelt sein, mit geöffneten Blättern, die dabei so knusprig werden wie Kartoffelchips.

Sie können als Beilage oder auch als leckerer Antipasto gereicht werden.

Zutaten für 4 Personen

4 große Artischocken, möglichst Sorte »Romanesco«, sonst andere große, runde Artischocken
½ Zitrone
2 l Sonnenblumen- oder Erdnussöl

Innereien mit Artischocken

Coratella con i carciofi

Zutaten für 4 Personen

600 g sehr frische Innereien vom Milchlamm
Weinessig
3 große gelbe Zwiebeln
natives Olivenöl extra
einige getrocknete Lorbeerblätter
3 Salbeiblätter
3 große Artischocken, möglichst Sorte »Romanesco«, sonst andere große, runde Artischocken
etwas Zitronensaft
1 Knoblauchzehe
1 Glas trockener Weißwein
Salz
peperoncino
1 Zweig frischer Rosmarin

Die Menge entspricht in etwa den Innereien eines einzigen Milchlamms (Lunge, Milz, Leber und Herz).

Die Innereien putzen und in Einzelteile zerlegen. Überschüssiges Fett entfernen und die Teile zum Reinigen 40 Minuten in eine Schüssel mit Essig und kaltem Wasser legen.

Dann die Teile einzeln entnehmen, unter fließendem Wasser abspülen und in etwa 2 cm große Stücke schneiden, dabei die verschiedenen Organe getrennt halten: Lunge und Leber werden separat gegart, Herz und Milz können zusammen in den Topf.

Die Zwiebeln in feine Ringe schneiden. In eine große Pfanne (beschichtet oder aus Aluminium) reichlich Olivenöl geben und die Zwiebelringe darin anschwitzen. Dann die Lungenstücke zusammen mit allen Kräutern zugeben, den Deckel auflegen und kräftig köcheln lassen.

In der Zwischenzeit die Artischocken putzen (siehe dazu das Rezept auf Seite 71) und etwa 20 Minuten in Zitronenwasser liegen lassen. Anschließend jeweils in acht Teile schneiden und diese mit einer angedrückten Knoblauchzehe in einer kleinen Pfanne braten. Nach etwa 5 Minuten, wenn sie schön gebräunt sind, etwas warmes Wasser angießen und weitere 10 Minuten köcheln lassen.

Quanno passa er treno (wenn der Zug vorbeikommt, wie Lella sagte), also, wenn die Lunge beginnt, einen Pfeifton zu erzeugen, noch etwa 10 Minuten warten und anschließend Milz und Herz dazugeben. Dann, wenn alles kräftig köchelt, den Weißwein angießen und mit Salz und *peperoncino* würzen. Den Deckel leicht geöffnet auflegen und auf mittlerer Stufe etwa 8 Minuten köcheln lassen. Nun die Leber zugeben und auch etwas Wasser, falls die Innereien trocken aussehen. Sorgfältig mischen und dann die vorgegarten Artischocken unterrühren. Alles 5–6 Minuten bei leicht geöffnetem Deckel auf mittlerer Stufe kochen lassen. Nach der Garzeit nach Belieben noch etwas Olivenöl zugeben und nochmals mit Salz und *peperoncino* abschmecken.

Die *coratella* schön heiß servieren, mit einem frischen Zweig Rosmarin als Garnierung. Und für alle, die scharfes Essen lieben, noch etwas mehr *peperoncino darüberstreuen*.

FIAT

Frittiertes Lammbries mit Artischocken

Animelle fritte dorate con i carciofi

Zutaten für 4 Personen

800 g Lammbries (Thymusdrüse vom Lamm)
Salz
3 Bio-Eier
Mehl
1 l Sonnenblumen- oder Erdnussöl
Pfeffer aus der Mühle
4 große Artischocken, möglichst Sorte »Romanesco«, sonst andere große, runde Artischocken
Zitronenspalten

Das Lammbries von überschüssigem Fett befreien und zum Reinigen in eine Schüssel mit kaltem Wasser legen. Anschließend kurz unter fließendes Wasser halten, um mögliche Verunreinigungen abzuspülen. In einem kleinen Topf Salzwasser zum Kochen bringen. Das Lammbries hineingeben und ab dem Zeitpunkt, an dem das Wasser wieder aufkocht, 3–4 Minuten kochen lassen. Abgießen und, wenn es leicht abgekühlt ist, so gut wie möglich enthäuten. Dann vollständig abkühlen lassen, mit Küchenpapier sorgfältig trocknen und in etwa 2 cm große Stücke schneiden.

Zwei Schalen vorbereiten: In einer die Eier mit 1 Prise Salz verquirlen, in die andere etwas Mehl geben. Das Öl in einer Pfanne zum Frittieren auf 175 °C erhitzen (prüfen lässt sich das gut mit einem Artischockenblatt).

Die Briesstücke im Mehl wenden, dann durch das Ei ziehen und sofort in das Öl geben.

Mit einem Schaumlöffel herausnehmen und locker nebeneinander auf einen mit Küchenpapier ausgelegten Teller legen. Mit Salz und Pfeffer würzen.

Die Artischocken putzen und in jeweils acht bis zehn Spalten schneiden. In eine Schüssel mit Wasser und etwas Zitronensaft legen, damit sie nicht braun werden. In einem Topf Wasser zum Kochen bringen und die Artischocken hineinlegen. Sobald das Wasser wieder aufkocht, die Artischockenstücke 2–3 Minuten garen, dann herausnehmen, abkühlen lassen und trocken tupfen.

Zum Frittieren der Artischockenspalten genauso vorgehen wie beim Bries: Zwei Schalen vorbereiten, eine für die mit Salz verquirlten Eier, die andere für das Mehl. In der Pfanne Öl zum Frittieren erhitzen. In der Zwischenzeit die Artischockenschnitze im Mehl wenden, durch das Ei ziehen und dann sofort 3–4 Minuten frittieren. Auf Küchenpapier abtropfen lassen und mit Salz bestreuen.

Die Briesstücke und die Artischockenschnitze auf einer großen Platte anrichten und servieren. Nach Belieben Zitronenspalten dazureichen.

Nudeln mit »Allerlei«

Bombolotti alla ciafrujona

In einem Schmortopf reichlich Olivenöl mit dem Petersilienstängel und den 3 zerdrückten Knoblauchzehen erhitzen, bis sie leicht angebraten sind. Dann den Topf vom Herd nehmen, *peperoncino* sowie das Sardellenfilet dazugeben und dieses im Öl schmelzen lassen.

Wieder auf den Herd stellen und die Tomaten sowie zwei Kellen warmes Wasser hinzufügen. Alles zum Kochen bringen und dann die Temperatur auf die niedrigste Stufe stellen. Mit Salz würzen und Basilikum sowie Thymian zugeben.

Die Artischocken putzen (Anleitung siehe S. 71) und in Schnitze schneiden, dann in Zitronenwasser legen, damit sie sich nicht verfärben.

Wenn die Tomaten etwa 10 Minuten gekocht haben, die Artischocken und die Erbsen zugeben. Unterrühren und alles zusammen weitere 20 Minuten bei leicht geöffnetem Deckel köcheln lassen. Die Sauce ist fertig, wenn die Artischocken und die Erbsen gar sind. Den Topf vom Herd nehmen.

Das Thunfischfleisch mit der Hand zerbröckeln und in die Sauce geben. Mit Salz und *peperoncino* würzen und dann eine Weile ruhen lassen, damit die Aromen schön durchziehen können.

In der Zwischenzeit die *bombolotti* in reichlich kochendem Salzwasser *al dente* garen. Die Sauce in eine Pfanne umfüllen, dabei Petersilie und Basilikum entfernen. Die Nudeln abgießen und zur Sauce in die Pfanne geben. Alles auf mittlerer Stufe sorgfältig verrühren.

Auf tiefe Teller verteilen, mit Olivenöl beträufeln und mit reichlich gehackter Petersilie garniert servieren.

Zutaten für 4 Personen

natives Olivenöl extra
je 1 großer Stängel Basilikum und Petersilie
3 Knoblauchzehen
peperoncino
1 Sardellenfilet in Öl
1 kg geschälte Tomaten (frisch geschält oder aus der Dose)
Salz
1 Zweig frischer Thymian, die Blättchen abgezupft
2 große Artischocken, möglichst Sorte »Romanesco«, sonst andere große, runde Artischocken
Saft von ½ Zitrone
200 g frische Erbsen
160 g Thunfischfilet (aus der Dose)
420 g *bombolotti rigati* (ersatzweise *rigatoni rigati* oder *penne rigate*)
frisch gehackte Petersilie zum Garnieren

Der römische Begriff »ciafrujona« bedeutet so viel wie Gemenge, Durcheinander, etwas, das gemischt und nicht genau definiert ist – den Namen hat papà sich ausgedacht.

DAS FÜNFTE VIERTEL

Il quinto quarto

»A Lella, ma che stai a cucinà? Co' 'sti odori ce stai a sturbà? – Aber Lella, was kochst du denn da? Es riecht so streng.« In der Tür der Trattoria erschien dann die Gestalt meiner Mutter, mit der weißen Schürze, den bis über die Ellenbogen hochgekrempelten Ärmeln und ihren in die Hüfte gestemmten Fäusten. Sie sah aus wie eine große weiße Amphore. »Ich mache gerade coda a la vaccinara. *Der Pfandleiher würde mir Geld dafür geben, dieses Gericht ist sein Gewicht in Gold wert, tausend Lire bekomme ich pro Stück.«* In dieser Anekdote, genau wie in vielen anderen in seinem Buch *Il mio amico albero di fico*, erzählt Aldo, der Sohn von Sora Lella, davon, welche gastronomische, aber auch kulturelle und sowieso familiäre Bedeutung das Fünfte Viertel in der Küche der Trattoria hat, aber auch allgemein in der römischen Küche.

Aber warum sagt man dazu Fünftes Viertel? Weil es um all das geht, was übrigbleibt, wenn die Viertel eines Ochsen oder anderen Tieres zerlegt waren, all das, was nicht in die vier größten Schnitte von Vorder- und Hinterteil passt. Es ist das zusätzliche Viertel, das darüber hinausgeht und das Überraschungen bereithält. Man könnte es fast auch das versteckte Viertel nennen, denn es besteht zu einem großen Teil aus den inneren Organen. Vor allem aber ist es das, was die Arbeiter auf den großen römischen Schlachthöfen mit nach Hause nehmen durften, ohne dafür zahlen zu müssen: Die Schnittreste, die weniger feinen Teile, die auf den Tischen derer landeten, die sich nichts Besseres leisten konnten. Heute dagegen gelten sie als Delikatesse, Speisen, die neu entdeckt und neu gedacht werden, Zutaten, die es zu verteidigen und zu fördern gilt. Durch den Einfallsreichtum der Menschen des einfachen Volkes und aus der Notwendigkeit heraus konnten aus Teilen des Fünften Viertels Gerichte entstehen, die heute einen hohen Stellenwert genießen, ob als Nudel- oder Hauptgericht. Und so sind Innereien im kulinarischen Angebot mittlerweile keineswegs mehr eine Seltenheit und stellen dennoch ein Bindeglied zu dem Leben von früher dar, zu den deftigen Vorlieben einfacher, volkstümlicher Küche. Das Fünfte Viertel ist ein tiefgreifender Teil der Geschichte, den man nicht wegschieben kann.

Und so verbindet sich auch in der Trattoria *Sora Lella* ein vonseiten der Gäste heute gefragtes und angesagtes Angebot mit dem Gefühl einer Reise in die Vergangenheit, zu den Tafeln und Erinnerungen der Familie. In der Trattoria stehen die Innereien für die Vorzüge einer traditionsbewussten Küche, gekonnt umgesetzt von den Händen Renatos und seines Teams.

Hier eine Kurzvorstellung der Beteiligten des Fünften Viertels und ihrer unbekannten Hintergründe:

Animelle, Bries, entspricht der Thymusdrüse des Menschen. Dies sind Drüsen im vorderen Brustbereich, die nur bei sehr jungen Säugetieren vorhanden sind und sich mit der Zeit zurückziehen. Sie können in Hals- oder in Herznähe liegen, wobei die rings um das Herz liegenden die begehrtesten sind, denn sie sind zart und aromatisch. Bries, das auch vom Kalb sein kann, am besten aber vom Lamm schmeckt, hat einen süßlichen Geschmack, ist weich, lecker und vielseitig: *Animelle al Marsala* ist ein großer Klassiker der Trattoria, unwiderstehlich ist aber auch frittiertes Bries mit Artischocken (natürlich auch frittiert).

Trippa, ein Gericht aus Kutteln, gehörte zu *nonna* Lellas Lieblingsspeisen, und zusammen mit Ochsenschwanz waren Kutteln die symbolträchtigsten Zutaten römischer Küche. *Trippa* wird aus zwei der drei Vormägen der Kuh zubereitet, also den Hohlräumen zwischen Speiseröhre und Magen, die für die Vorverdauung zuständig sind. In Rom verwendet man den Netzmagen, der sehr fleischreich und fest ist und an einen Schwamm erinnert, sowie den Pansen. Schmackhaft, saftig, aromatisch werden sie in *umido* zubereitet, also mit Tomaten, die von Hand zerdrückt und dann mit Lorbeer, Minze und Gewürznelken sowie zum Schluss mit frisch geriebenem Pecorino Romano verfeinert werden.

Pajata ist der römische Name für den ersten Abschnitt des Dünndarms vom Milchkalb (bis acht Monate), aber auch des Lamms und des Zickleins. Er wird zusammen mit dem darin befindlichen, geschmacklich sehr intensiven Mageninhalt gekocht. *Pajata* schmeckt wunderbar in *umido*, das dann als Sauce für ein feines Rigatoni-Gericht verwendet wird.

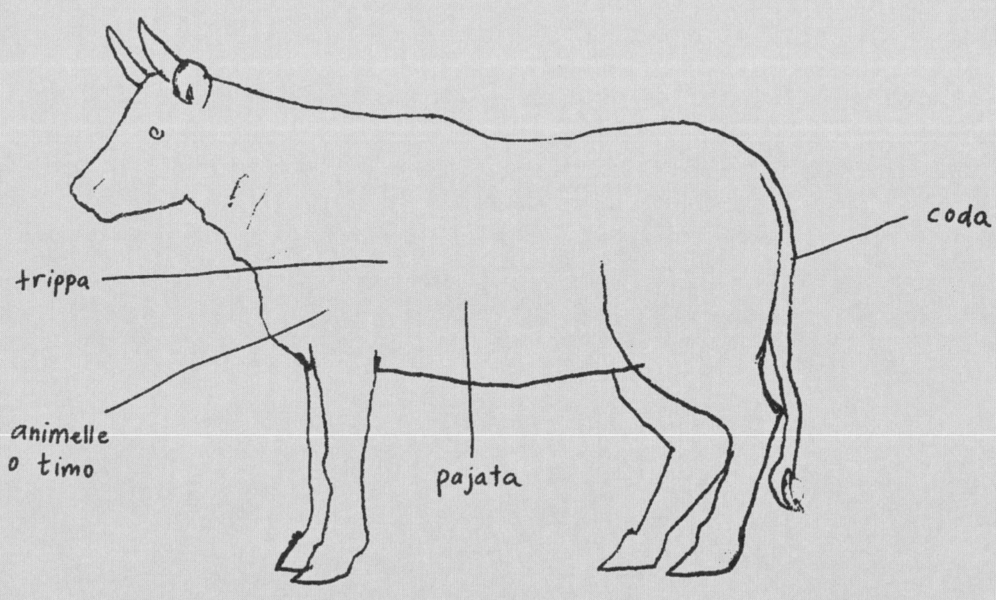

Die *coda*, geschmorter Ochsenschwanz, ist zweifellos eines der typischsten Gerichte der römischen Küche. Sellerie, Gewürznelken, Zimt und Tomate prägen die würzige Sauce, in der er gegart wird, aber das wahre Geheimnis liegt in dem, was zum Schluss zugegeben wird: »etwas purer, ungesüßter Kakao oder ein Stück Bitterschokolade mit hohem Kakaoanteil. Wir servieren sie mit etwas gekochtem Staudensellerie und streuen je einen Teelöffel Pinienkerne und Rosinen darüber. Kommt doch einmal vorbei und kostet sie, dann werdet ihr sehen, welch goldwerte Kostbarkeit sie ist.«

Lammbries in Marsala

Animelle al marsala

Das Lammbries von überschüssigem Fett befreien und dann zum Reinigen etwa 20 Minuten in einer Schüssel mit kaltem Wasser liegen lassen. Anschließend kurz unter fließendes Wasser halten, um mögliche Verunreinigungen abzuspülen.

In einem Topf leicht gesalzenes Wasser zum Kochen bringen und das Bries 3–4 Minuten darin garen. Abgießen und ein paar Minuten abkühlen lassen, dann sorgfältig trocknen, enthäuten und in grobe Stücke schneiden. Die Stücke in Mehl wenden und alles überschüssige Mehl wieder gut abklopfen.

Reichlich Olivenöl in einer beschichteten Pfanne erhitzen und die zerdrückte Knoblauchzehe sowie einen Rosmarinzweig darin auf niedriger Stufe anschwitzen, bis der Knoblauch glasig ist. Den Knoblauch herausnehmen, die Briesstücke hineingeben und etwa 5 Minuten auf mittlerer Stufe anbraten, bis sich eine feine Kruste bildet. Mit Salz und Pfeffer würzen und die Knoblauchcreme unterrühren.

Die Butter mit etwas Mehl verkneten, den Marsala angießen und, während die Flüssigkeit anfängt zu köcheln und der Alkohol verdunstet, die Mehlbutter einrühren, bis eine leicht sämige Sauce entsteht. Dann den Topf vom Herd nehmen.

Die Briesstücke auf Teller verteilen und die Sauce darübergeben. Mit einem Rosmarinzweig garnieren und, nach Belieben, etwas frisch gemahlenen Pfeffer darüberstreuen.

Und glaubt mir, es lohnt sich, hier wirklich guten Marsala zu verwenden!

Lammbries kann auf vielerlei Weise zubereitet werden: Mit Olivenöl, Salz und Pfeffer, nach Jägerart, in Brühe usw. Lammbries mit Marsala ist seit jeher Teil unserer Speisekarte und auch bei unseren Gästen aus dem Ausland gehört das Gericht zu den Favoriten.

Zutaten für 4 Personen

800 g Lammbries (Thymusdrüse vom Lamm)
Salz
Mehl
natives Olivenöl extra
1 Knoblauchzehe
2 Zweige Rosmarin
Pfeffer aus der Mühle
½ TL Knoblauchcreme (siehe Seite 49)
1 walnussgroßes Stück Butter
1 Glas halbtrockener Marsala superiore

Geschmorter Ochsenschwanz

Coda alla vaccinara

Zutaten für 4 Personen

2 kg Ochsenschwanz
2 Stangen Staudensellerie
2 Karotten
2 gelbe Zwiebeln
Salz
natives Olivenöl extra
4 Lorbeerblätter
Pfeffer aus der Mühle
peperoncino
20 Pinienkerne
1 großzügiges Glas trockener Weißwein
20 Sultaninen
1 Prise gemahlene Gewürznelken (etwa die Menge von 2 Stück)
1 kg geschälte Tomaten (aus der Dose)
1 Handvoll gehobelte Bitterschokolade (mindestens 70 % Kakaoanteil) oder reine Kakaomasse

Aus dem Ochsenschwanz Stücke schneiden (in Entsprechung der Wirbel) und diese unter fließendem Wasser sorgfältig von auslaufendem Blut reinigen. Der nächste Schritt besteht im Vorgaren: Dazu die Stücke in einem Topf mit kaltem Wasser zum Kochen bringen und auf mittlerer Stufe 7–8 Minuten kochen lassen. Die an die Oberfläche gestiegenen Trübstoffe mit einem Schaumlöffel abschöpfen, dann die Stücke abgießen und gründlich abspülen.

Eine Stange Staudensellerie, die Karotten und die Zwiebeln fein schneiden, mischen und beiseitestellen. Die andere Selleriestange von den Fasern befreien und dann in lange Stäbchen schneiden. Mit Salzwasser in einen kleinen Topf geben, etwa 10 Minuten garen, sodass sie noch sehr bissfest sind, dann abgießen und beiseitestellen.

In einen hohen Topf aus Edelstahl (oder emailliertem Gusseisen) Olivenöl sowie den Gemüsemix und die Ochsenschwanzstücke geben und alles auf mittlerer Stufe leicht anbraten. Dann die Lorbeerblätter, Salz, Pfeffer und *peperoncino* zugeben.

Den Topfinhalt ab und zu umrühren, damit die Fleischstücke nicht anbrennen.

In der Zwischenzeit die Pinienkerne in einer trockenen Pfanne oder im Backofen rösten.

Wenn die Stücke schön braun gebraten sind, den Wein angießen und bei geschlossenem Deckel aufkochen lassen. Dann den Deckel abnehmen und den Wein verdunsten lassen. Nun die Sultaninen abspülen und mit den Pinienkernen und Gewürznelken unterrühren, dabei einige Pinienkerne und Sultaninen zum Garnieren aufbewahren.

Die Tomaten zugeben und so viel Wasser angießen, dass das Fleisch bedeckt ist. Wieder zum Kochen bringen und dann bei reduzierter Temperatur auf niedrigster Stufe etwa 3 Stunden garen. Wenn das Fleisch weich wird, ist der Garpunkt fast erreicht, sodass nun die Selleriestäbchen zugegeben werden können, um zusammen mit den Ochsenschwanzstücken fertig zu garen. Sie dienen als Beilage.

Das Fleisch ist servierbereit, wenn es sich vom Knochen löst: Den Topf vom Herd nehmen und alles mit Salz und *peperoncino* abschmecken. Die gehobelte Schokolade zugeben und schmelzen lassen. Dann alles in eine Servierschüssel füllen und mit den aufbewahrten Pinienkernen und Sultaninen garniert servieren.

Immer daran denken, dass Schmorgerichte am Tag drauf noch besser schmecken!

Wenn der Teller fast leer gegessen ist, solltet ihr die Stücke in die Hand nehmen und gründlich abnagen, bis der Knochen blank ist. Papà hat Knochen, die schön »abgenagt« in die Küche zurückkamen, in Wasser und Speisenatron aufgekocht, gut getrocknet und daraus Modellflugzeuge gebastelt, die er dann bemalte.

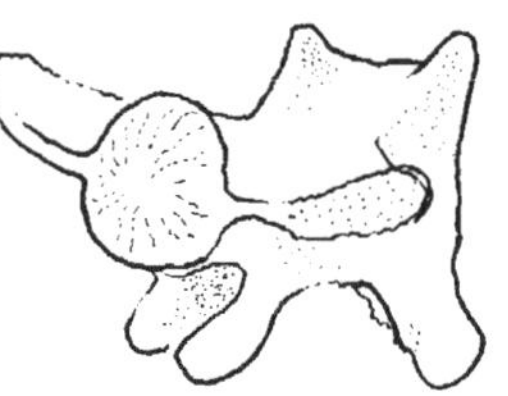

← Knochen vom Ochsenschwanz

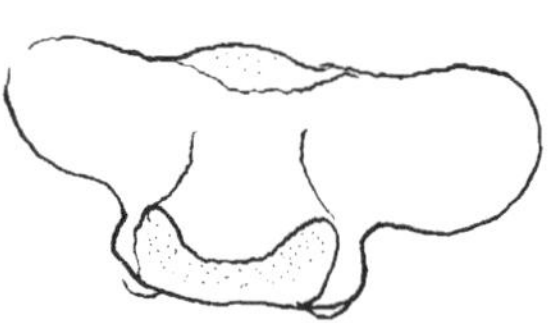

(von oben)

Rigatoni mit Sauce vom Geschmorten Ochsenschwanz

Rigatoni col sugo di coda alla vaccinara

Zutaten für 4 Personen

600 g Sauce vom Geschmorten Ochsenschwanz
(siehe Rezept Seite 89)
4 Ochsenschwanzstücke (ebenfalls vom Rezept Seite 89)
20 Pinienkerne
20 Sultaninen
420 g Rigatoni
Salz
160 g Pecorino Romano
je 1 Prise gemahlenes Lorbeerblatt und gemahlene Gewürznelke
1 Handvoll gehobelte Bitterschokolade mit 70 % Kakaoanteil

In einer Aluminiumpfanne oder einer beschichteten Pfanne die Sauce mit den vier Fleischstücken aufwärmen.

Die Pinienkerne in einem auf 150 °C vorgeheizten Backofen etwa 10 Minuten rösten, nach der Hälfte der Zeit einmal durchrühren. In der Zwischenzeit die Sultaninen etwa 10 Minuten in Wasser einweichen, dann abgießen und trocknen.

Die Rigatoni in reichlich Salzwasser *al dente* garen.

Etwas vom Kochwasser der Nudeln zur Sauce geben, ebenso die Sultaninen und die gerösteten Pinienkerne. Die Nudeln abgießen und sorgfältig mit dem Pfanneninhalt vermengen. Dann die Hälfte des frisch geriebenen Pecorino Romano unterrühren.

Auf tiefe Teller verteilen und mit den Fleischstücken garnieren.

Mit Lorbeer- und Nelkenpulver, mehr geriebenem Pecorino und feinst gehobelter Schokolade bestreut servieren.

Ein Schmaus für die Augen ebenso wie für den Gaumen, wenn alle Zutaten miteinander verschmelzen.

Fettuccine mit Ragout aus Bries und Speck

Fettuccine al ragù di animelle e lardo

Zutaten für 4 Personen

natives Olivenöl extra
600 g Schalotten
1 Karotte
frische Salbei- und Thymianblätter sowie Rosmarinnadeln
einige Lorbeerblätter
600 g Lammbries (Thymusdrüse vom Lamm)
Salz
schwarzer Pfeffer aus der Mühle
1 TL Tomatenmark
200 ml Alkoholmix
720 g hausgemachte *fettucine* aus Eierteig (oder aus dem Kühlregal)
160 g Pecorino Romano
12 dünne Scheiben *lardo* (ersatzweise hochwertiger fetter Speck)

trockener Weißwein, Marsala und Brandy in gleichen Anteilen

In einer beschichteten Pfanne einen großzügigen Schuss Olivenöl erhitzen und die Schalotten, die Karotte und den Salbei – alles mit dem Messer fein gehackt – sowie die beiden ganzen Lorbeerblätter darin erhitzen. Nach etwa 3 Minuten etwas Wasser zugeben und das Ganze 10 Minuten köcheln lassen.

In der Zwischenzeit das Lammbries säubern und etwa 20 Minuten in Wasser ziehen lassen. Anschließend trocknen, eventuelle Fettreste entfernen und das Bries mit dem Messer zerkleinern. Die Stücke in der Pfanne mit den übrigen Kräutern anbraten, mit Salz und Pfeffer würzen, das Tomatenmark und noch einen Schuss Olivenöl zugeben, sodass die Briesstücke nicht austrocknen können. Nach dem Anbraten den Alkoholmix und noch etwas warmes Wasser angießen. Auf niedriger Stufe 10 Minuten köcheln lassen, ohne dass das *ragù* dabei trocken wird. Mit Salz und Pfeffer würzen.

In der Zwischenzeit reichlich kräftig gesalzenes Wasser in einem Topf zum Kochen bringen und die *fettuccine* darin etwa 6 Minuten *al dente* garen. Die Nudeln abgießen (etwas vom Kochwasser auffangen) und zusammen mit einer Kelle vom Kochwasser in die Pfanne zum *ragù* geben.

Einen Teil vom Pecorino reiben und unter das *ragù* rühren, sodass eine schön cremige Sauce entsteht. Mit Salz, einigen Thymianblättchen und Rosmarinnadeln würzen.

Die Nudeln mit dem *ragù* auf Teller verteilen, jeweils drei Scheiben *lardo* nebeneinander darauflegen, die auf den heißen Nudeln leicht schmelzen werden. Zum Schluss den restlichen Pecorino hobeln und mit etwas Pfeffer aus der Mühle darübergeben.

Rigatoni mit Dünndarm vom Milchlamm

Rigatoni co' la pajata

Die Zwiebeln und das Basilikum hacken. In einem Schmortopf reichlich Olivenöl erhitzen und beides darin anschwitzen. Mit dem Wein ablöschen, den Alkohol verkochen lassen, die Tomaten grob mit der Gabel zerdrücken und zugeben. Eine Kelle warmes Wasser angießen und mit Salz und *peperoncino* würzen.

Kurz aufkochen und anschließend auf niedriger Stufe etwa 30 Minuten bei leicht geöffnetem Deckel (beispielsweise mithilfe eines Holzlöffels zwischen Topf und Deckel) köcheln lassen. Zwischendurch hin und wieder umrühren, damit nichts am Boden anbrennt.

Während die Sauce kocht, wird nun die *pajata* vorbereitet. Es handelt sich hierbei um den vorderen Abschnitt des Dünndarms des Milchkalbs, daher sollte er schön hell und weich sein und keine dunklen Streifen aufweisen. Wenn das Tier schon Gras gefressen haben sollte, könnten sich nach der Verdauung Bitterstoffe und eine dunklere Farbe bilden, was für unsere Verwendung unerwünscht ist.

Die *pajata* mit einem kleinen scharfen Messer von dem Fett befreien, das den Darm umgibt. Auf der Arbeitsfläche ausbreiten und in etwa 30 cm lange Stücke schneiden. Jeden Abschnitt an den Enden mit etwas Nähgarn abbinden, sodass kleine Röllchen entstehen. Man kann auch – zumindest in Rom – seinen Metzger bitten, diesen Schritt zu übernehmen.

Zubereitung der Röllchen

Zutaten für 4 Personen

3 mittelgroße rote Zwiebeln
15 Basilikumblätter
natives Olivenöl extra
1 Glas trockener Weißwein
1 kg geschälte Tomaten (aus der Dose)
Salz
peperoncino
1 kg *pajata* (vorderer Dünndarmabschnitt) vom Milchkalb
Zimtpulver
160 g Pecorino Romano
420 g Rigatoni

Nähgarn

Nachdem die Sauce 30 Minuten geköchelt hat, die *pajata*-Röllchen dazugeben und behutsam umrühren, sodass die Sauce sich darin gut verteilt. Die Röllchen werden sich beim Erhitzen sofort aufblähen. Hin und wieder umrühren. Nach 20 Minuten den Topf vom Herd nehmen: Sauce und *pajata* sind jetzt auf den Punkt gegart!

Eine Prise Zimtpulver zugeben und mit Salz und *peperoncino* abschmecken. Kurz ruhen lassen, damit die Sauce schön durchzieht, so wie das bei allen Saucen auf Tomatenbasis empfehlenswert ist.

Die Rigatoni in reichlich Salzwasser *al dente* garen. In der Zwischenzeit die Sauce mit der *pajata* und etwas vom Nudelkochwasser in einer Pfanne aufwärmen. Die Nudeln abgießen und in die Pfanne zur Sauce geben.

Sorgfältig vermengen und dabei den unverzichtbaren frisch geriebenen Pecorino unterrühren. Auf tiefe Teller verteilen und mit dem restlichen Pecorino Romano bestreuen.

Eingefleischte Liebhaber des Fünften Viertels und Freunde »kulinarischer Basteleien« könnten anstelle des Nähgarns die feine Haut vom Darm verwenden.

Kutteln auf römische Art

Trippa alla romana

Für dieses Gericht verwenden wir in der Trattoria Sora Lella dunkle, vorgegarte Kutteln, keine gebleichten.

Zutaten für 4 Personen

4 Lorbeerblätter
Saft von ½ Zitrone
1 kg Kutteln vom Kalb
2 Stangen Staudensellerie
1 Karotte
1 große gelbe Zwiebel
natives Olivenöl extra
Salz
peperoncino
1 Prise gemahlene Gewürznelken
½ Glas trockener Weißwein
600 g geschälte Tomaten (aus der Dose)
2 Zweige frischer Majoran
2 Stängel frische Römische Minze (oder eine andere kleinblättrige Sorte)
80 g Pecorino Romano

In einem Topf reichlich Wasser mit 2 Lorbeerblättern und dem Zitronensaft zum Kochen bringen.

In der Zwischenzeit mit einem kleinen Messer die Kutteln vom Fett befreien und in etwa 2 cm große Stücke schneiden. Sorgfältig abspülen und in das kochende Wasser geben.

Wenn das Wasser wieder aufwallt, 10 Minuten kochen lassen. Dann abgießen und die Kutteln kurz unter fließendem Wasser abschrecken.

Sellerie, Karotte und Zwiebel fein hacken und mischen und dieses *battuto* mit reichlich Olivenöl in einem Schmortopf auf mittlerer Stufe anschwitzen. Nach 5 Minuten die Kuttelstücke und die übrigen Lorbeerblätter zugeben und weitere 5 Minuten schmoren lassen. Dabei Salz, *peperoncino* und die Prise Nelkenpulver zugeben.

Wenn sowohl die Gewürze als auch die Kutteln gut angebraten sind und alles etwas trocken geworden ist, mit dem Wein ablöschen, verdunsten lassen und dann die von Hand zerdrückten Tomaten zugeben. Den Majoran und 1 großen Stängel Minze hinzufügen.

Weitere 5 Minuten durchziehen lassen, dann so viel Wasser angießen, dass die Kuttelstücke bedeckt sind. Die Temperatur erhöhen und, wenn alles kocht, den Deckel leicht schräg auflegen.

Das Ganze etwa 75 Minuten köcheln lassen, dabei gelegentlich mit einem Holzlöffel umrühren. Die Garzeit hängt von der Konsistenz der Kutteln ab.

Die Kutteln sind gar, wenn sie weich sind, aber nicht zerfallen: An diesem Punkt kosten und gegebenenfalls mit Salz und *peperoncino* abschmecken. Die Minzeblätter in feine Streifen schneiden und unter Rühren über die Kutteln streuen. Zum Schluss Pecorino darüberreiben. Auf Tellern anrichten, nach Belieben noch mehr Käse darüberstreuen und servieren.

»Man sieht, wann es fertig ist, Sie sind doch eine gestandene Hausfrau! Das wäre ja noch schöner!«
O-Ton Nonna Lella

PECORINO ROMANO

Il pecorino romano

Was wäre die römische Küche ohne ihren Pecorino? Schon im Rom der Antike spielte er in den Ernährungsgewohnheiten eine wichtige Rolle: Er bildete die ideale tägliche Nahrungsmittelration für die Legionäre. Und er war überaus beliebt bei Menschen jedweder Bevölkerungsschicht. Er wurde auf den üppigen Symposien der Patrizier genauso gereicht wie auf den bescheidenen Tafeln der *plebs*, des gemeinen Volkes, denn er stellte eine wichtige Nährstoffquelle dar, bot aber so viel Genuss, dass er auch anspruchsvollste Gaumen befriedigte.

Sora Lella wusste das ganz genau und richtete viele ihrer Gerichte mit reichlich geriebenem Schafskäse an: *polpette, minestre, frittate*, Gemüse, Nudelgerichte. Ein echter Mittelpunkt aber ist der Pecorino Romano nur in wenigen Gerichten, darunter die köstlichen *Spaghetti cacio e pepe*. Das Nudelgericht ist eines der Wahrzeichen römischer Küche und keinesfalls so einfach zuzubereiten, wie es auf den ersten Blick scheinen mag. Das liegt an der feinen Creme, die in den heutigen Versionen die Pasta umhüllen soll. *Nonno* Renato, Lellas Mann, aß sie dagegen gern auf althergebrachte Weise, nur bestreut mit Käse und Pfeffer. Aus alldem ist hier nun eine frische Sauce für *Ravioli cacio, pepi e menta* geworden.

Dann *Spaghetti alla gricia*, Vorfahrin der roten *amatriciana*-Sauce und Symbol der Wanderschäferei früherer Zeiten, als die Schäfer nur *guanciale* und Pecorino Romano mit sich trugen. Außerdem *insalata di puntarelle, arzilla e pecorino* in einer ungewöhnlichen Kombination aus Käse und Fisch und schließlich in den moderneren *gnocchi di Renato* mit römischen Zucchini und *guanciale.*

Der Pecorino ist jener gewisse Kick, auf den wir einfach nicht verzichten können, jener bescheidene Freund, der sich als »unscheinbarer Begleiter« beschreiben würde, wohl wissend, welche Bedeutung er hat. Und genau deshalb ist es wichtig, ihn gut zu kennen, um ihn dann bestmöglich einzusetzen. Geschmack und Würze hängen von der Reifezeit ab: Ab fünf Monaten Reifezeit kann er als Tafelkäse und ab acht Monaten als Reibekäse in den Handel gebracht werden. Der Geschmack ist aromatisch, leicht pikant und würzig als Tafelkäse, intensiv pikant als Reibekäse. Ob gehobelt, fein oder grob gerieben oder cremig verrührt, Pecorino Romano ist in jeder heimischen Küche präsent und darf auch bei Sonntags- oder Feiertagsausflügen nicht fehlen. Sora Lella beispielsweise liebte es, die seltenen freien Tage in Gesellschaft von Freunden und Familie zu verbringen und dabei Pecorino zu Dicken Bohnen zu essen.

Ravioli mit Käse, Pfeffer und Minze

Ravioli cacio, pepi e menta

Den Ricotta in kleinen Portionen in ein Sieb geben und mit einem Löffel durchstreichen. Auf diese Weise wird der Käse feiner und cremiger.

Den Spinat waschen, kurz abtropfen lassen und noch nass in einem Topf wenige Minuten garen (bis der Stiel weich ist). Dann abgießen, abkühlen lassen und sehr gründlich ausdrücken.

Den Spinat mit einem Messer zerkleinern und in einer Schüssel gründlich mit dem durchgestrichenen Ricotta, dem Eigelb, dem Parmesan, etwas Muskat sowie Salz vermengen. Die Masse mindestens 20 Minuten im Kühlschrank ruhen lassen.

Für den Teig das Mehl auf einem Nudelbrett anhäufen und in die Mitte eine Mulde drücken. Die Eier hineinschlagen und mit einer Gabel mit dem Mehl verquirlen. Wenn das Mehl vollständig mit dem Ei verrührt ist, den Teig von Hand etwa 10 Minuten kneten, bis er schön glatt ist. Dann mit einem Geschirrtuch abgedeckt bei Zimmertemperatur etwa 30 Minuten ruhen lassen.

Nach der Ruhezeit den Teig mit dem Nudelholz oder mit der Nudelmaschine sehr dünn ausrollen (er sollte leicht durchsichtig werden). Die Ricottafüllung aus dem Kühlschrank nehmen und mithilfe eines Spritzbeutels oder eines Löffels im Abstand von etwa 3 cm kleine Häufchen in der Größe einer halben Walnuss auf die ausgerollten Teigstreifen drücken. Den Teigstreifen längs über die Mitte zusammenlegen. Bevor der Teig dann mit den Fingern rings um die Füllung zusammengedrückt wird, möglichst viel Luft entweichen lassen. Um die Füllung herum den Teig in der Form von Ravioli mit einer Gabel zusammendrücken. Dadurch werden sie nochmals gut versiegelt und nun kann man sie mit dem Teigrädchen durchschneiden. Mit etwas Hartweizengrieß bestreut ruhen lassen, damit sie nicht zusammenkleben, und dann auf einer mit Backpapier ausgelegten Unterlage in den Kühlschrank stellen. Man könnte sie an dieser Stelle auch gut einfrieren. Im Kühlschrank sollten sie nicht länger als 72 Stunden aufbewahrt werden.

Zutaten für 4 Personen

Für die Füllung:

270 g Schafsmilch-Ricotta
170 g frischer Blattspinat
2 Bio-Eigelb
40 g geriebener Parmesan
frisch geriebene Muskatnuss
Salz

Für den Teig:

150 g Weizenmehl, Type 00 (ersatzweise Type 405 und 550 gemischt)
50 g Hartweizengrieß
2 Bio-Eier (Größe L)

Für die Fertigstellung:
Salz
Pfeffermix (siehe Seite 49)
450 g Pecorino Romano
80 ml Nudelkochwasser
frische Minzeblätter

Kurz vor dem Verzehr in einem Topf leicht gesalzenes Wasser zum Kochen bringen und die Ravioli direkt aus dem Kühlschrank hineingeben und garen: Die Kochzeit beträgt etwa 3 Minuten ab dem Zeitpunkt, an dem sie an die Oberfläche steigen.

Den geriebenen Pecorino mit 160 ml kaltem Wasser und etwas Kochwasser der Nudeln cremig rühren. Mit einem Schneebesen oder besser noch mit einem Stabmixer wird die Creme besonders glatt.

Die Hälfte der Minze hacken. Den frisch gemahlenen Pfeffermix in eine Aluminiumpfanne streuen und etwa 20 Sekunden anrösten. Dann etwas Kochwasser zugießen, die Pfanne vom Herd nehmen, die Minze zugeben, sodass sie kurz mit durchziehen kann. Die Ravioli abgießen und in die Pfanne mit dem auf mittlerer Stufe wieder erwärmten Pfeffer-Minze-Mix geben. Die Ravioli gründlich durchschwenken, damit sich die Aromen gleichmäßig verteilen. Etwas trocknen lassen und dann die Pecorino-Creme zugeben und sorgfältig unterrühren. Nach einem kurzen Moment die Pfanne vom Herd nehmen und weiter rühren, dabei wird die Creme schmelzen, ohne zu gerinnen. Wenn sich in der Sauce etwas Wasser absetzt, einfach mit geriebenem Pecorino andicken. Ist das Gegenteil der Fall, also die Creme zu trocken, noch etwas Kochwasser zugeben.

Vor dem Servieren die restlichen Minzeblätter in Juliennestreifen schneiden und die Ravioli damit garnieren.

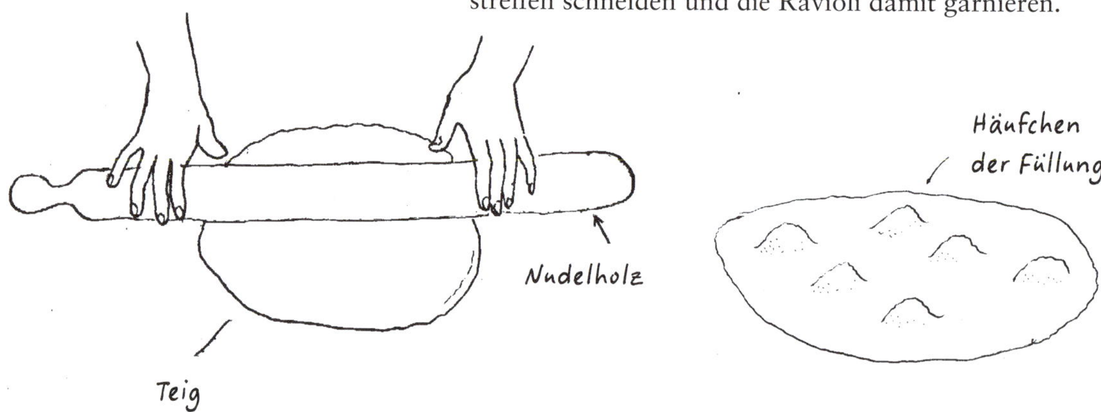

CAMPAGNA

Nudeln mit Guanciale, Pecorino und Pfeffer

Spaghetti alla gricia

Wasser in einem Topf zum Kochen bringen und leicht salzen. Die Nudeln darin garen, bis sie noch sehr *al dente* sind.

In der Zwischenzeit die beiden Sorten *guanciale* in 3 cm dicke Scheiben schneiden, die Schwarte entfernen und dann jeweils in feine Scheiben schneiden, sodass dünne Rechtecke entstehen. Diese in einer Pfanne ohne Fett auf niedriger Stufe auslassen. Wenn sie gut angebraten sind, herausnehmen und beiseitelegen. Das in der Pfanne verbliebene Fett mit dem Wein ablöschen und etwas vom Kochwasser der Nudeln hinzufügen (die mittlerweile fast fertig sein dürften).

Den Pfeffermix in die Pfanne geben und auf niedrigster Stufe ziehen lassen. Einen Großteil des angebratenen *guanciale* hinzufügen (ein paar Stücke zum Garnieren aufbewahren). Die gegarten, aber noch sehr bissfesten Spaghetti in die Pfanne geben und auf mittlerer Stufe gründlich mit dem *guanciale* und dem Pfeffermix vermengen.

Währenddessen immer wieder etwas Kochwasser zugeben, denn die darin enthaltene Stärke der Nudeln sorgt für eine schöne cremige Konsistenz. Insgesamt sollte das Wasser nicht vollständig verdunsten, damit die Spaghetti schön cremig-feucht bleiben.

Nun die Pfanne vom Herd nehmen und unter Rühren die Hälfte des frisch geriebenen, besser noch geraspelten Pecorino einrieseln lassen.

Jetzt müssen nur noch die Teller angerichtet werden: Auf die Nudeln die zuvor beiseitegestellten *guanciale*-Scheiben, den restlichen Pecorino und noch eine *pizzicata de pepe bono*, eine Prise hochwertigen Pfeffers, darüberstreuen!

Zutaten für 4 Personen

Salz
480 g *spaghettoni di Gragnano*
100 g luftgetrockneter *guanciale* (Speck aus der Schweinebacke)
100 g geräucherter *guanciale*
40 ml trockener Weißwein
Pfeffermix (siehe Seite 49)
160 g Pecorino Romano

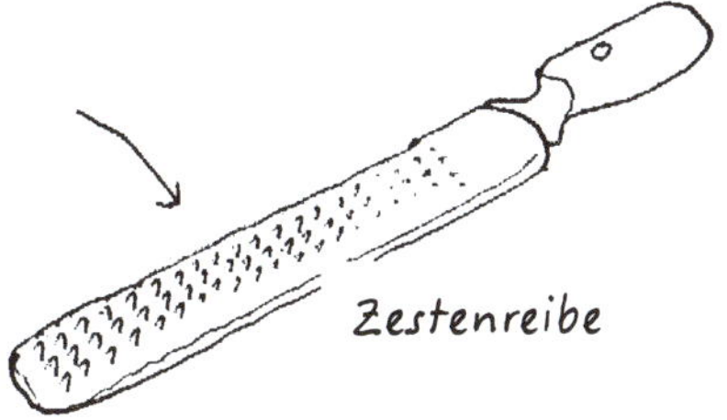

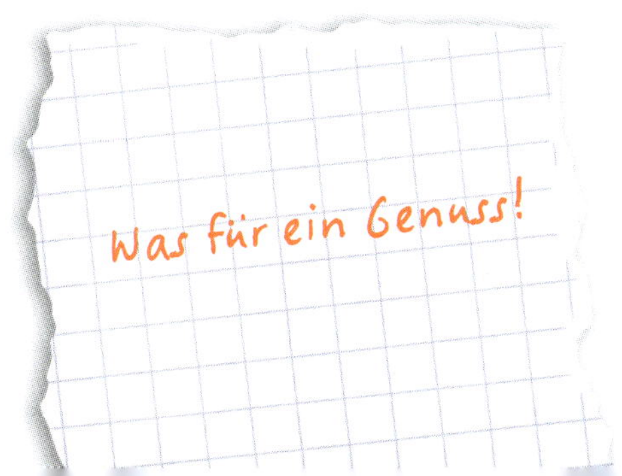

Puntarelle-Salat mit Rochen und Pecorino

Insalata di puntarelle, arzilla e pecorino

Als Erstes wird der Rochen gegart. (Der allererste Schritt besteht eigentlich darin, einen frischen Rochen, möglichst schon geputzt, zu finden.) Diesen in zwei Flügel teilen und sorgfältig abspülen. Den Staudensellerie von den Fasern befreien und ebenso wie die Karotte und Zwiebel hacken. Mit dem Rochen und ein paar Lorbeerblättern sowie 1 Prise Salz in einen Topf mit kaltem Wasser geben.

Alles zum Kochen bringen und etwa 15 Minuten köcheln lassen, bis das Rochenfleisch innen weiß ist. Die Brühe abgießen, aber auffangen (sie lässt sich anderweitig verwerten). Den Rochen abkühlen lassen, dann von der Haut befreien und eventuelle Knorpelteile entfernen und in den Kühlschrank stellen.

In der Zwischenzeit die *puntarelle* putzen und in mundgerechte Stücke teilen. Die Knoblauchzehe halbieren, das Sardellenfilet zerkleinern und alles in einer Schüssel zusammen mit Salz, Zitronensaft und Olivenöl mit den Händen vermischen.

Jetzt alle Bestandteile in einer dekorativen Salatschüssel wie folgt mischen:

- Die angemachten *puntarelle*, ohne den Knoblauch,
- das zerkleinerte Fischfleisch des Rochens,
- etwas feinstes Olivenöl,
- leicht mit einem Teller oder einem Küchenmesser angedrückte Pfefferbeeren,
- die Pecorinospäne
- und schließlich noch weitere Pfefferbeeren für einen Farbtupfer.

Zutaten für 4 Personen

500 g Rochen aus dem Tyrrhenischen Meer
1 Stange Staudensellerie
1 Karotte
1 gelbe Zwiebel
einige Lorbeerblätter
Salz
250 g *puntarelle* (Spargelchicorée)
1 Knoblauchzehe
1 Sardellenfilet in Öl
Saft von ½ Zitrone
natives Olivenöl extra
rosa Pfefferbeeren
16–20 Späne Pecorino Romano

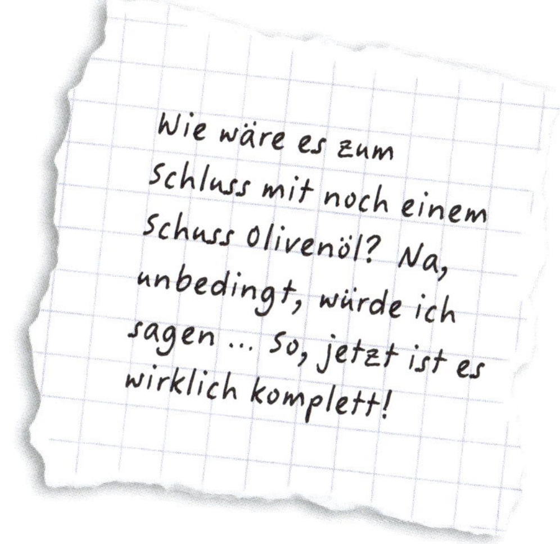

Renatos Gnocchi (mit Zucchini, Guanciale und Pecorino)

Gnocchi de renato (con zucchine romanesche, guanciale e pecorino)

Zutaten für 4 Personen

Für die Gnocchi:

600 g mehligkochende Kartoffeln (möglichst gleich groß)
180 g Weizenmehl, Type 00 (ersatzweise Type 405 und 550 gemischt)
1 Bio-Eigelb
1 Handvoll frisch geriebener Parmigiano Reggiano
etwas frisch geriebene Muskatnuss
Salz
Pfeffer aus der Mühle
natives Olivenöl extra

Auf Seite 51 stehen Zubereitungstipps für Gnocchi!

Dieses Gericht habe ich bei der TV-Show La Prova del Cuoco präsentiert, und genau in dem Moment, als es darum ging, die Muskatnuss zu reiben, ist sie mir vor Aufregung aus der Hand gefallen … Sie rollte durch das ganze Studio und der Moderator Claudio Lippi und ich liefen hinterher.

Die ungeschälten, gewaschenen Kartoffeln in einen Topf mit kaltem ungesalzenem Wasser geben (durch Salz könnten sie leichter zerfallen) und zum Kochen bringen.

Wenn die Kartoffeln gar sind – das dauert etwa 40 Minuten –, abgießen und leicht abkühlen lassen, sodass man sie gut pellen kann. Anschließend noch warm stampfen oder durch eine Kartoffelpresse geben. Für mindestens 1 Stunde in den Kühlschrank stellen, damit die Masse gut durchkühlt.

Das Mehl auf ein großes Brett häufeln, eine Mulde in die Mitte drücken und alle Zutaten, außer die Kartoffeln (und Olivenöl), hineingeben. Die Kartoffeln selbst werden um die Mulde herum verteilt.

Alles verkneten (nur gerade so lange, wie unbedingt nötig), bis eine Kugel entsteht. Mit einem Teigschaber etwas vom Teig abnehmen und zu einer etwa 40–50 cm langen und 2,5 cm dicken Wurst rollen. Davon für die Gnocchi je etwa 2,5 cm lange Stücke abschneiden. Mit dem übrigen Teig ebenso verfahren, bis alles zu Gnocchi verarbeitet ist. Einen großen Topf mit Salzwasser zum Kochen bringen und die Gnocchi darin kurz kochen lassen.

Sind die Gnocchi einmal geformt, gilt es, sie rasch zu kochen, sonst werden sie weich!

Wenn sie an die Oberfläche steigen, sind sie fertig: Mit dem Schaumlöffel herausheben und nicht zu dicht auf einer Platte verteilen. Mit etwas Olivenöl beträufeln.

Den *guanciale* in 3 cm dicke Scheiben schneiden und die Schwarte entfernen. Flach hinlegen und jedes Stück quer in dünne Rechtecke schneiden. Diese in einer Pfanne ohne Fett auf niedriger Stufe auslassen. Wenn sie gut angebraten sind, herausnehmen und beiseitelegen.

Die Zwiebel in feine Ringe schneiden und in dem in der Pfanne verbliebenen Fett auf niedriger Stufe anschwitzen. Nach Gefühl noch etwas Olivenöl zugeben. In der Zwischenzeit die Enden der Zucchini abschneiden (die Blüten aber nicht wegwerfen, sondern vom Blütenkelch und -stempel befreien, halbieren und beiseitelegen) und in 3–4 mm dicke Scheiben schneiden. Wenn die Zwiebel schön angebraten ist, mit dem Wein ablöschen, den Alkohol verdunsten lassen und die Zucchinischeiben dazulegen.

Mit Salz und Pfeffer würzen und auf mittlerer Stufe anbraten. Nach etwa 3 Minuten einige Kellen warmes Wasser zugeben und auf niedrigster Stufe bei leicht geöffnetem Deckel etwa 12 Minuten garen. Einige Minuten vor Ende der Garzeit die Basilikumblätter von Hand klein zupfen und hinzufügen.

Wenn die Zucchini fertig sind, den *guanciale* und die Zucchiniblüten dazugeben, auf niedriger Stufe ziehen lassen und etwas vom Kochwasser zugießen.

Die Gnocchi in die Pfanne geben. Die Temperatur erhöhen und alles sorgfältig miteinander vermengen.

Die Pfanne vom Herd nehmen, bevor die Flüssigkeit ganz verdunstet ist, und mit der Hälfte des frisch geriebenen Pecorino bestreuen, der auf den Gnocchi zu einer wunderbaren Creme schmelzen wird.

Für den sugo:

120 g luftgetrockneter *guanciale* mit Pfeffer (Speck aus der Schweinebacke)
1 gelbe Zwiebel
natives Olivenöl extra
8 Zucchini mit Blüte, idealerweise Sorte »Romanesca«
½ Glas trockener Weißwein
Salz
schwarzer Pfeffer aus der Mühle
10 Basilikumblätter
160 g frisch geriebener Pecorino Romano
Pfeffermix (siehe Seite 49)

Auf Teller verteilen und vor dem Servieren den übrigen geriebenen Pecorino darüberrieseln lassen. Alles mit frisch gemahlenem Pfeffermix bestreuen.

SCHWEINEBÄCKCHEN

Il guanciale

Sora Lellas Beschreibung der Zubereitung für *amatriciana* in mündlicher Form: »Ich nehme ein Kilo pummidori da sugo, also gut für Sauce geeignete Tomaten, eine halbe Zwiebel, eine Knoblauchzehe, 200 Gramm *guanciale*, am besten geräucherten, feinstes Olivenöl, ein Glas Wein, einen ordentlichen Stängel Basilikum und eine halbe *peperoncino*-Schote. Außerdem etwas schwarzen Pfeffer aus der Mühle und natürlich Pecorino Romano. Ach ja, hätte ich fast vergessen, einen Esslöffel Weißweinessig. Knoblauch und Zwiebel sehr, sehr fein schneiden und anbraten, ohne sie anbrennen zu lassen, also auf kleiner Flamme. Wenn alles weich ist, den *guanciale* zugeben, in Streifen geschnitten, genau wie die *fettuccine*, zwei oder drei Zentimeter lang, die zerdrückte Knoblauchzehe (die wieder herausgefischt wird, sobald sie angebraten ist) und den *peperoncino*. Noch kurz weiterbraten und dann den Wein mit dem Essig angießen. Verdunsten lassen und dann die Tomaten zusammen mit dem Basilikum zugeben. Zum Kochen bringen und etwa 10 bis 15 Minuten simmern lassen. Die Sauce darf aber nicht zu stark reduzieren, sie soll flüssig bleiben. Dann vom Herd nehmen und ruhen lassen. Inzwischen pro Kopf 100 Gramm Nudeln kochen, eine beliebige Form, egal ob kurze oder lange, abgießen, wenn sie al dente sind, das muss ich ja nicht extra erklären, in die Pfanne mit der Sauce geben und auf starker Flamme 20 Sekunden erhitzen. Die Portionen auf Tellern anrichten, schwarzen Pfeffer darübermahlen und geriebenen Pecorino darauf rieseln lassen, als würde es schneien.«

Die römische Küche ist nicht vorstellbar ohne *guanciale*: Saftig und lecker sorgt er als Zutat in jedem Gericht für Geschmack und Charakter, egal ob zu *rigatoni* mit frühlingshaften Gemüsesorten in der feinen *vignarola* oder zu *rigatoni* mit cremiger *carbonara*, aber auch in Suppen und Eierspeisen. Auf der Speisekarte der Trattoria hat er eine Hauptrolle in den *cannolicchi alla mattacchiona*, eine frische Neuinterpretation der klassischeren *gricia*, und in der *cuccagna*, wörtlich übersetzt Schlaraffenland, was schon beim Aussprechen des Namens das Wasser im Munde zusammenlaufen lässt.

Und doch kommt *guanciale* eigentlich aus dem 140 km von Rom entfernten Ort Amatrice, der bis 1927 zur Region der Abruzzen gehörte. Heute trägt diese Fleischspezialität in vielen Regionen die Bezeichnung PAT – *prodotto agroalimentare tradizionale*, traditionell hergestelltes Agrarerzeugnis: nicht nur im Latium und in den Abruzzen, sondern auch in Kalabrien, Sardinien, Molise, Toskana und Umbrien. Jede Stadt, besser gesagt jeder Metzger hat seine eigene Rezeptur, die sich hinsichtlich der Zusammensetzung der verwendeten Würzmittel, der Ruhe-, Räucher- und Reifezeiten unterscheidet.

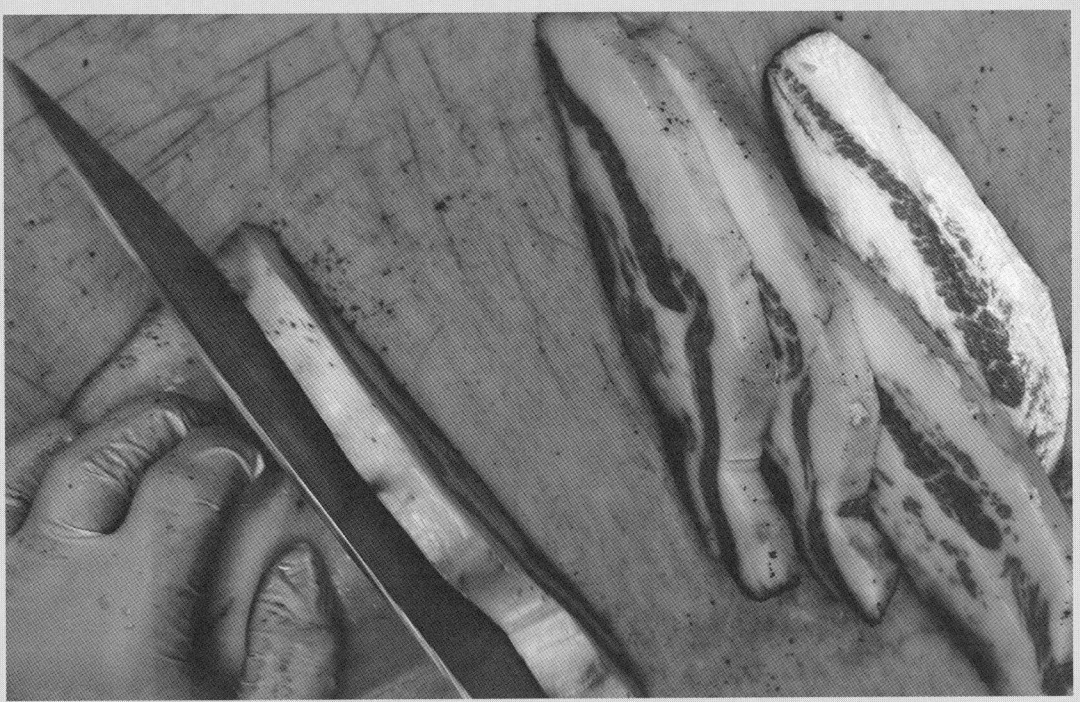

Der Fleischschnitt dagegen ist immer der gleiche: Es handelt sich um die Wange des Schweins, mehr oder weniger vom Hals bis zum Anfang der Schnauze, sodass er sich absolut eindeutig von der *pancetta* unterscheiden lässt, mit der er oft verwechselt wird, die aber, wie es schon im Namen steckt, aus dem Schweinebauch stammt. Ein Aspekt hebt den *guanciale* ganz besonders im Vergleich zu allen anderen Fleischwaren heraus: Sein Fett ist hochgeschätzt, mit prägnantem Aroma und einer kompakteren Konsistenz. Außerdem ist *guanciale* von vielen mageren Muskelfasern durchzogen, was für eine gut zu kauende Konsistenz und große Geschmacksfülle sorgt. Ein Meisterwerk der italienischen Schweinefleischproduktion, eine Besonderheit unserer kulinarischen Tradition, um die uns die ganze Welt beneidet.

»Für die *amatriciana* wird in der *Trattoria Sora Lella* eine Mischung aus drei Sorten guanciale verwendet: Erstens ein dunkler *guanciale* aus den Monti Simbruini, der mit Buchenessenz geräuchert wird. Die zweite Sorte wurde mit Pfeffer gereift, da sonst die Räuchernote zu dominant würde. Der dritte, auch ein *guanciale* mit Pfeffer, hat einen milden, aber prägnanten Geschmack, er stammt aus der Hügellandschaft bei Fermo und wird an den Hängen der Monti Sibillini verarbeitet.«

Rigatoni mit Frühlingsgemüse

Rigatoni alla vignarola

Die Artischocken putzen, dazu die harten Blätter abziehen und das Heu herauslösen. Dann in jeweils acht Schnitze schneiden und in mit etwas Zitronensaft vermischtes Wasser legen. In einer zweiten Schüssel mit Wasser die aus ihren Hülsen gelösten Erbsen und Dicken Bohnen einweichen.

Die Zwiebel und die Frühlingszwiebel in feine Scheiben schneiden und in einer Pfanne mit dem Olivenöl auf niedriger Stufe anschwitzen.

Den *guanciale* in 3 cm dicke Scheiben schneiden und die Schwarte entfernen. Flach hinlegen und jedes Stück quer in 2–3 mm feine und breite Rechtecke schneiden. Diese in einer Pfanne ohne Fett auf niedriger Stufe auslassen. Wenn sie gut angebraten sind, den Weißwein zugießen und die Temperatur erhöhen. Wenn der Alkohol verdunstet ist, die Temperatur wieder reduzieren und die gründlich abgetropften Artischockenschnitze in die Pfanne geben.

In der Zwischenzeit die Erbsen und Bohnen unter fließendem Wasser abspülen und ebenfalls hinzufügen.

Auf niedriger Stufe 8 Minuten garen, dabei hin und wieder etwas warmes Wasser zugeben. Anschließend die Zucchini in 2–3 mm dicke Scheiben schneiden und hinzufügen (die Blüten beiseitelegen). Es darf nicht zu viel Wasser zugegeben werden, da das Gemüse nicht gekocht, sondern gedünstet werden soll. Alles sorgfältig vermengen, mit Salz und Pfeffer abschmecken und bei leicht geöffnetem Deckel noch etwa 15 Minuten leise köcheln lassen.

In der Zwischenzeit die Zucchiniblüten mit angefeuchtetem Küchenpapier säubern, die spitzen Pflanzenteile am Rand des Kelchs und den Blütenstempel im Inneren entfernen.

Zutaten für 4 Personen

2 große Artischocken, möglichst Sorte »Romanesco«, sonst andere große, runde Artischocken
Saft von ½ Zitrone
130 g gepalte Erbsen
130 g gepalte Dicke Bohnen
1 gelbe Zwiebel
1 Frühlingszwiebel
natives Olivenöl extra
100 g geräucherter *guanciale* (Speck aus der Schweinebacke; ersatzweise geräucherte *pancetta*, Bauchspeck)
3 EL trockener Weißwein
2 Zucchini mit Blüte, idealerweise Sorte »Romanesca«
Salz
Pfeffer aus der Mühle
4 große Blätter Romana-Salat
8 Basilikumblätter
ein paar Blättchen frische Minze
400 g *rigatoni*
120 g Pecorino Romano, grob geraspelt

Die Salatblätter waschen und dann, ebenso wie die Zucchiniblüten, in grobe Stücke schneiden. 2 Minuten bevor das Gemüse fertig gegart ist, auch diese beiden letzten Zutaten in die Pfanne geben.

Gründlich vermengen und nach Belieben erneut mit Salz und Pfeffer abschmecken. Die Basilikumblätter von Hand in Stücke zupfen, die Minzeblättchen hacken und beides dazugeben. Kurz durchziehen lassen.

Reichlich Salzwasser in einem Topf zum Kochen bringen und die *rigatoni* darin *al dente* garen. Das Wasser nicht zu stark salzen, weil der Pecorino viel Würze mitbringt. Wenn die Nudeln bissfest sind (*me raccomanno belli ar dente*), abgießen und mit etwas Kochwasser in die Pfanne zum Gemüse geben. Dann die Hälfte des Pecorino hinzufügen, damit eine schön cremige Sauce entsteht. Gegebenenfalls noch Olivenöl darüberträufeln und alles sorgfältig vermengen.

Zum Schluss die Nudeln auf tiefe Teller verteilen und mit reichlich Pecorino bestreut servieren.

Rigatoni alla Carbonara

Rigatoni alla carbonara

In einem Topf reichlich leicht gesalzenes Wasser zum Kochen bringen.

Inzwischen alles für die Sauce vorbereiten: Dazu in einer Schüssel die Eier und die Eigelbe mit 4 Prisen Parmigiano und 1 Prise Salz verquirlen.

Den *guanciale* in 3 cm dicke Scheiben schneiden und die Schwarte entfernen. Flach hinlegen und jedes Stück quer in 2–3 mm feine und breite Rechtecke schneiden. Die *guanciale*-Stücke ohne Fett in einer Eisenpfanne auf niedriger Stufe auslassen, sodass sie schön goldbraun und knusprig werden und das Fett sich in der Pfanne sammelt. Mit dem Wein ablöschen und mit Pfeffer aus der Mühle würzen.

In der Zwischenzeit die *rigatoni* in reichlich Salzwasser bissfest garen, dann abgießen und in die Pfanne geben. Einige Minuten auf mittlerer Stufe erhitzen, damit der *guanciale* die Nudeln schön aromatisiert. Die Pfanne vom Herd nehmen und weiter rühren, damit die Pasta etwas abkühlt. Würde man die Eiermasse auf zu heiße Nudeln geben, würde daraus eher eine *frittata* denn eine cremige Sauce. Nach mindestens 1 Minute die Eiermasse sowie etwas geriebenen Pecorino zugeben. Wenn das Ganze nicht gut genug andickt, kann man die Pfanne noch einmal leicht erhitzen, aber sehr vorsichtig. Die Eiercreme sollte sich an die *rigatoni* schmiegen. Auf die Teller verteilen und mit 1 Prise Salz sowie dem geriebenen Pecorino bestreuen und sofort servieren.

Zutaten für 4 Personen

Salz
4 Bio-Eier, plus 2 Bio-Eigelb
50 g Parmigiano Reggiano, frisch gerieben
100 g luftgetrockneter *guanciale* (Speck aus der Schweinebacke)
100 g geräucherter *guanciale*
½ Glas trockener Weißwein
schwarzer Pfeffer aus der Mühle oder 8 g Pfeffermix (siehe Seite 49)
400 g *rigatoni di Gragnano*
150 g Pecorino Romano, frisch gerieben

Das Ei gebe ich im Ganzen hinzu, damit es besser vor Gerinnung »geschützt« ist. Auf diese Weise kann ich bei höherer Temperatur arbeiten, sodass die Nudeln schön heiß und dampfend auf den Tisch kommen, ohne dass das Ei gerinnt. Dies ist der Grund, warum ich auf die mantecatura a freddo verzichte, bei der die Pasta nur mit Eigelb in einer Schüssel vermengt wird. Außerdem gab auch Lella die Eier immer ganz dazu … Carbonara, eine Wissenschaft für sich!

Gnocchi all'amatriciana

Gnocchi all'amatriciana

Den *guanciale* in 3 cm dicke Scheiben schneiden und die Schwarte entfernen. Flach hinlegen und jedes Stück quer in 2–3 mm feine und breite Rechtecke schneiden. Diese in einer Pfanne ohne Fett auf mittlerer Stufe auslassen, sodass sie schön goldbraun und knusprig werden und das Fett sich in der Pfanne sammelt.

Mit einem Schaumlöffel herausheben, auf Küchenpapier legen und beiseitestellen. Das in der Pfanne verbliebene Fett mit dem Weißwein ablöschen. Die Tomaten von Hand zerdrücken und, wenn der Wein verdunstet ist, dazugeben, dann ein knappes Glas Wasser unterrühren sowie je 1 Prise Salz, Pfeffermix und *peperoncino*. Auf niedriger Stufe etwa 15 Minuten unter gelegentlichem Rühren köcheln lassen. 5 Minuten vor Ende der Kochzeit zwei Drittel des *guanciale* zu den köchelnden Tomaten geben. Die restlichen Stücke aufbewahren (am besten neben dem Herd, damit sie nicht zu kalt werden).

Das Wasser für die Gnocchi leicht salzen (die Sauce wird durch *guanciale* und Pecorino gut würzig sein), zum Kochen bringen und die Gnocchi darin ein paar Minuten köcheln lassen. Dann abgießen und zur Sauce geben. Alles auf mittlerer Stufe sorgfältig vermengen. Die Pfanne vom Herd nehmen, die Hälfte vom Pecorino hinzufügen und das Ganze durch kräftiges Schwenken vermengen.

Auf tiefe Teller verteilen und mit dem restlichen Pecorino bestreuen. Mit dem beiseitegestellten *guanciale* garniert servieren.

Zutaten für 4 Personen

Für die Zubereitung der Gnocchi siehe Rezept auf Seite 110

Für den sugo:

200 g *guanciale* (Speck aus der Schweinebacke), davon 100 g mit Pfeffer luftgetrocknet und 100 g geräuchert
4 EL Weißwein
600 g geschälte Tomaten (aus der Dose; in der richtigen Jahreszeit kann man 700–800 g frische Tomaten nehmen, bevorzugt die Sorte »Casalino« aus dem Latium)
Salz
Pfeffermix (Seite 49)
peperoncino
200 g Pecorino Romano

»Tanzende« Pfannennudeln

Cannolicchi alla mattacchiona

Den *guanciale* in 3 cm dicke Scheiben schneiden, dann flach hinlegen und quer daraus breite und dünne Rechtecke schneiden. Die Schwarte entfernen. Die Stücke in einer Pfanne ohne Fett auf niedriger Stufe auslassen, und wenn sie richtig angebraten sind, herausheben und beiseitelegen.

In der Zwischenzeit die Nudeln in reichlich kochendem Salzwasser bissfest garen.

Das in der Pfanne verbliebene Fett mit dem Wein ablöschen, den Alkohol verdunsten lassen und dann etwas Kochwasser der Nudeln und den frisch gemahlenen Pfeffermix dazugeben. Durchziehen lassen.

Den Großteil des angebratenen *guanciale* hinzufügen (einen Teil zum Garnieren beiseitelegen), ebenso das Basilikum und die Knoblauchcreme.

Die gegarten, aber noch sehr bissfesten Nudeln in die Pfanne geben und auf mittlerer Stufe mit der Sauce und der Hälfte des frisch geriebenen Pecorino vermengen.

Auf Teller verteilen und mit den zuvor beiseitegestellten *guanciale*-Stücken, je einem Basilikumblatt und dem restlichen Pecorino garniert servieren.

Zutaten für 4 Personen

160 g *guanciale stagionato* (luftgetrockneter Speck aus der Schweinebacke)
480 g *cannolicchi rigati* (ersatzweise *sedani rigati* oder Penne rigate)
Salz
½ Glas Weißwein
Pfeffermix
(siehe Seite 49)
20 frische große Basilikumblätter, bis auf 4 Blätter von Hand klein gezupft
1 EL Knoblauchcreme
(siehe Seite 49)
120 g Pecorino Romano, frisch gerieben

Seinen Namen hat dieses Gericht von papà. Mattacchione bedeutet so viel wie Spaßvogel, Kasper. Er kommentierte beim Kochen immer: »Schau dir diese verrückten cannolicchi an«, weil diese beim Durchmengen wie verrückt in der Pfanne herumtanzten. Das Gericht entstand 1970 als frische Neuinterpretation der gricia.

Schlaraffenland

La cuccagna

Zutaten für 4 Personen

25 g gekochter Schinken
25 g geräucherter *guanciale* (Speck aus der Schweinebacke)
40 g Walnusskerne
1 Bio-Ei
120 g Sahne
35 g Parmigiano Reggiano, frisch gerieben, plus 120 g für die Nudeln
1 Tl Tomatenmark
2 Tl Marsala
1 Tl Brandy
1 walnussgroßes Stück Butter, zerlassen und abgekühlt
schwarzer Pfeffer aus der Mühle
frisch geriebene Muskatnuss
70 g *pancetta tesa* (Bauchspeck am Stück)
40 g *pancetta arrotolata* (gerollter, weniger fetter Bauchspeck)
80 g *salsiccia* (grobe Bratwurst)
½ Glas trockener Weißwein
680 g *tonnarelli*

Fleischwolf

Den gekochten Schinken fein zerkleinern und beiseitestellen. Dann den *guanciale* quer in dünne Streifen schneiden und in einer Pfanne ohne Fett auslassen. Die Walnusskerne mit einem Messer grob hacken.

Das Ei in einer Schüssel verquirlen. Die Sahne, 35 g geriebenen Parmesankäse, das Tomatenmark, den Marsala, den Brandy sowie die Butter unterrühren und dann mit Pfeffer und Muskatnuss abschmecken.

Die beiden *pancetta*-Sorten und die *salsiccia* mit dem Fleischwolf zerkleinern. Die Fleischmasse in einer Pfanne leicht anbraten und dann mit etwas Wein ablöschen. Die Pfanne vom Herd nehmen und abkühlen lassen.

In einer Schüssel die verschiedenen Fleischsorten vermengen, die Walnusskerne und den Eier-Sahne-Mix dazugeben und alles sorgfältig mit einem Schneebesen verquirlen. Im Kühlschrank etwa 30 Minuten ruhen lassen.

Für die Béchamelsauce das Mehl in einer kleinen Pfanne anrösten. In der Zwischenzeit die Butter zerlassen und die Milch erhitzen. Die Butter zum Mehl geben, verrühren und 1 Minute anschwitzen. Die Mehlschwitze in die erwärmte Milch geben, etwas Muskatnuss hinzufügen, salzen und alles unter ständigem Rühren köchelnd eindicken lassen.

Den Fleischmix aus dem Kühlschrank nehmen, mit der Béchamelsauce verrühren und alles mit einer Kelle warmem Wasser zum Aufwärmen in eine Pfanne geben.

Die *tonnarelli* garen, abgießen und mit etwas vom Kochwasser der Nudeln mit dem Pfanneninhalt vermengen. Dabei bis auf einen kleinen Rest 120 g Parmesan unterrühren. Zum Servieren mit 1 Prise Pfeffer und dem restlichen Parmesan bestreuen.

Zutaten

Für die Béchamelsauce:

20 g Mehl
20 g Butter
200 g frische Vollmilch
frisch geriebene Muskatnuss
Salz

Dieses Gericht ist eine Kreation unseres Vaters. Den Namen hat es von nonna bekommen. Als er sie die neue Kreation kosten ließ, wollte die neugierig gewordene nonna wissen, welches die Zutaten waren. Als er sie ihr alle aufgezählt hatte, rief sie spontan aus: »Ma questa è 'na cuccagna!« (Das ist ja wie im Schlaraffenland!)

FLEISCH

Le carni

Eines Tages kam jemand vom Finanzamt, ein Steuereintreiber, der offensichtlich in den wundervollen Gerichten, die Sora Lella zubereitete, einen Beleg für einen Reichtum sah, an dem es etwas abzuschöpfen gab. Nonna Elena nahm das in die Hand und machte sich daran, ihn zu verwirren. Sie erzählte ihm, wie sie die Gerichte zubereitete, welche Zutaten sie verwendete, die mit reichen Leuten aber auch wirklich gar nichts zu tun hatten. Dann versuchte sie, ihn mit etwas zu bestechen, was, wie ihr klar war, ein mehr als verlockender Vorschlag war: »Ich habe heute Hinterhaxe vom Rind bekommen, hab sie rundum ordentlich mit Salz, Pfeffer und Knoblauch eingerieben und mit einem geräucherten guanciale gespickt. Dann habe ich sie mit Knoblauch, Sellerie, Karotte und Zwiebel in einem großen Schmortopf kräftig angebraten, mit reichlich Weißwein abgelöscht, etwas köcheln lassen und schließlich ein gutes Kilo frische Tomaten in den Topf gegeben. Alles einmal kräftig aufgekocht, den Herd wieder runtergestellt und dann eine gute Handvoll getrocknete Pilze, eine Prise Muskatnuss und drei oder vier Gewürznelken dazu. Jetzt köchelt das Ganze vor sich hin, wie wäre es, in weniger als 'ner Stunde ist es fertig. Haben Sie vielleicht Hunger?«

Noch in der Nachkriegszeit wurde in Rom Fleisch üblicherweise am päpstlichen Hof oder auf den Tafeln aristokratischer Kardinäle gereicht. Dem Volk blieben meist die Reste oder

das sogenannte Fünfte Viertel. Daher finden sich in der römischen Küche zahlreiche Fleischgerichte, die lange geschmort, in Tomatensauce gegart (wie die leckeren *involtini di manzo con i peperoni*) oder gekocht werden, oder aber mit kräftigen Gewürzen, Fett und Speckprodukten zubereitet wurden, denn oft gelangten die eher zähen Fleischstücke in die heimischen Küchen. Oder man versuchte, Reste vorheriger Mahlzeiten in eine neue Form zu bringen.

Ein Thema für sich ist das *saltimbocca alla romana:* Der Überlieferung nach soll es ein aus Norditalien stammendes Gericht sein. Fest steht, dass dieses Rezept im italienischen Kochbuchklassiker von Pellegrino Artusi steht, *La scienza in cucina e l'arte di mangiar bene* (auf Deutsch: *Die klassische italienische Kochkunst*, 2022), und als Ursprungsort eben Rom am Ende des 19. Jahrhunderts angegeben ist, auch wenn es so scheint, als hieß das erste Lokal, in dem es angeboten wurde, *Le Venete* (was eigentlich eher nach Norditalien klingt). Ein so unwiderstehlich leckeres Gericht, dass es einem geradezu »in den Mund springt« (deutsch für *Saltimbocca*).

Renato, der Mann von *nonna* Lella, arbeitete im alten Schlachthof von Testaccio am Fuße des künstlich entstandenen Hügels Monte dei Cocci, wo damals noch Tiere geschlachtet und dann das Fleisch verkauft wurde. Ein Ort, der aufgrund der Modernität und Originalität der Gebäude heute eine der wichtigsten Stätten römischer Industriearchäologie darstellt. Ein Ort, der seit seiner Eröffnung am 1. Dezember 1891 die Beziehung der Römer zum Fleisch und zur Verwertung von Fleisch verändert hat. Täglich brachte Renato von dort Fleischreste mit, aus denen seine Frau schmackhafte Gerichte zauberte, die den Eigentümer einer Trattoria, in der das junge Paar oft zu Gast war, überzeugten, ihnen sein Lokal zu überlassen und somit den Grundstein auf ihrem Weg in die Gastronomie ebnete.

Und so hat die Trattoria noch heute eine besondere Beziehung zu Fleischgerichten, sei es bei der sorgfältigen Auswahl der Fleischschnitte, der Großzügigkeit bei der Verarbeitung oder die Wertschätzung, die dem Fleisch auch beim Servieren zuteilwird. Angefangen von *guancia di manzo brasata*, der Rinderbacke, die lange auf niedriger Stufe schmoren muss, bis sie sich in zarte, saftige Häppchen verwandelt. Um nicht von den *polpettine in umido* (geschmorte Hackfleischbällchen) von *nonna* Lella zu sprechen oder ihren *polpettine di bollito*. Aber Fleisch als Zutat hat auch in der Familie einen festen Platz, denn *nonna* Lella machte daraus Saucen für das Sonntagsessen, bei denen *fettuccine* mit dem *sugo* von Rouladen nicht fehlen durften. Dies war vielleicht sogar das Lieblingsgericht der Familie.

Geschmorte Rinderbacke mit Romanesco

Guancia di manzo brasata al cesanese con broccoli romaneschi ripassati

Rinderbacke ist ein eher zähes Fleisch mit viel Knorpel, Sehnen und Bindegewebe, weshalb es lange schmoren sollte.

Zunächst wird die Backe in zwei Teile geschnitten, so gut wie möglich von Fett und Sehnen befreit und dann leicht mit Mehl bestäubt. In einem Schmortopf aus emailliertem Gusseisen oder auch aus Edelstahl etwas Olivenöl erhitzen und die bemehlten Fleischstücke darin auf mittlerer Stufe rundum goldbraun anbraten. Anschließend aus dem Topf nehmen und beiseitelegen.

Etwas mehr Olivenöl in den Topf geben und alle Würzzutaten grob hacken und hinzufügen (Sellerie, Zwiebeln, Karotten, Knoblauch). Zum Schluss das Kräutersträußchen in den Topf legen. Alles auf niedriger Stufe einige Minuten anschwitzen, dann mit einer Kelle Gemüsebrühe ablöschen. Verkochen lassen und kurz weitergaren, dann die Fleischstücke wieder in den Topf legen. Mit Zimtpulver sowie gemahlenen Gewürznelken verrühren und mit Salz und Pfeffer würzen.

Wenn alles richtig angebraten ist, den Wein sowie vier Kellen Gemüsebrühe dazugießen und alles zum Kochen bringen. Den Deckel auflegen und die Herdtemperatur reduzieren.

Etwa 3 Stunden auf sehr niedriger Stufe köcheln lassen und dabei immer wieder mit etwas Brühe beträufeln: Das Ganze muss sehr langsam köcheln, damit das Fleisch schön zart wird. Wenn das Fleisch gar ist, die Stücke herausnehmen und beiseitelegen. Das Kräutersträußchen entfernen und den Fond pürieren. Durch ein feines Sieb in einen Topf abseihen. Butter hinzufügen, die Sauce nochmals erhitzen und leicht andicken lassen. Mit Salz und Pfeffer abschmecken, dann den Topf vom Herd nehmen und beiseitestellen.

Zutaten für 4 Personen

2 Rinderbacken, jeweils etwa 500 g
Mehl
natives Olivenöl extra
2 Stangen Staudensellerie
2 gelbe Zwiebeln
2 Karotten
1 Knoblauchzehe
1 Kräutersträußchen aus Lorbeer, Rosmarin, Salbei, Thymian
1 l Gemüsebrühe
Zimtpulver
1 Prise gemahlene Gewürznelken
Salz
schwarzer Pfeffer aus der Mühle
500 ml Rotwein Cesanese del Piglio (ersatzweise ein anderer trockener, weicher Rotwein)
1 walnussgroßes Stück Butter, plus etwas mehr zur Verfeinerung des Bratenfonds

Zutaten

Für den Romanesco:

1 Romanesco
1 Knoblauchzehe
Olivenöl extravergine
peperoncino
1 Sardellenfilet in Öl
ein paar Minzeblätter
Salz und Pfeffer aus der Mühle

Während das Fleisch schmort, ist genug Zeit, um den Romanesco in reichlich Salzwasser zu garen. (Beim Putzen die Stiele der Blumen sorgfältig von den Fasern befreien.) Nach dem Garen abgießen und gut abtropfen lassen. Den Knoblauch pellen und leicht andrücken, in einer Eisenpfanne mit etwas Olivenöl auf niedriger Stufe anbraten. *Peperoncino* zugeben und das Sardellenfilet darin schmelzen lassen. Den Romanesco mit den in Streifen geschnittenen Minzeblättern in die Pfanne geben und unter kräftigem Rühren wieder erhitzen.

→ Nun können die Teller angerichtet werden: Die Rinderbacken im abgeseihten und leicht angedickten Fond aufwärmen. Die Stücke auf Teller verteilen, mit der Sauce übergießen und dazu den mit bestem Olivenöl und einem Stängel Minze garnierten Romanesco anrichten.

Kalbsbrust aus dem Ofen mit Rosmarin-Kartoffelpüree

Petto di vitello alla fornara con schiacciata di patate al rosmarino

Die Hälfte des Knoblauchs, Fenchelsamen, 3 Salbeiblätter, die Nadeln von 1 Rosmarinzweig und 2 Lorbeerblätter fein hacken und mit Salz und Pfeffer vermischen. Die Kalbsbrust mehrfach einstechen und die Mischung darauf verteilen. Die Außenseite des Fleischs gründlich einreiben, dann mit Olivenöl beträufeln und kurz auf hoher Stufe in einer Pfanne rundum scharf anbraten (dadurch behält das Fleisch im Inneren Saft und Aroma).

Reichlich Olivenöl in einer Ofenform verteilen, Sellerie, Karotten und Zwiebeln grob zerkleinern und mit dem Rest von Knoblauch und Kräutern im auf 180 °C vorgeheizten Backofen anrösten. Dann das Fleisch in die Form legen.

Mit etwas Olivenöl beträufeln, mit Salz und Pfeffer würzen und das Fleisch weitere 20 Minuten im Ofen garen. Nach der Hälfte der Garzeit einmal wenden.

Die Form aus dem Ofen nehmen und so viel Wein und Wasser angießen, dass das Fleisch bis zur Hälfte bedeckt ist. Das Fleisch erneut wenden und etwa 1 weitere Stunde im Ofen garen. Zwischendurch hin und wieder wenden und mit der Flüssigkeit benetzen.

Um zu prüfen, ob es gar ist, das Fleisch an der dicksten Stelle zwischen den Rippen mit einem scharfen kleinen Messer einstechen: Wenn es leicht und ohne Widerstand geht, dann ist es gar. Das Fleisch aus der Form nehmen, die Kochflüssigkeit auffangen und abschmecken. Dann mit etwas Druck das Gemüse durch ein Passiersieb streichen. Die Sauce 1 Stunde im Kühlschrank abkühlen lassen. Anschließend das sich an der Oberfläche absetzende Fett abschöpfen. Wenn das Fleisch lauwarm ist, entlang der Rippen in Scheiben schneiden und diese in einer Pfanne mit dem Bratenfond aufwärmen.

Auf Teller verteilen, mit dem Fond beträufeln und mit einem Rosmarinzweig und etwas Kartoffelpüree garniert servieren.

Zutaten für 4 Personen

- 4 Knoblauchzehen
- 1 großzügige Prise Fenchelsamen
- 6 frische Salbeiblätter
- 2 Zweige frischer Rosmarin, plus 1 Zweig zum Garnieren
- 4 getrocknete Lorbeerblätter
- Salz
- schwarzer Pfeffer aus der Mühle
- 1,2 kg Bruststpitze vom Kalb, ohne Knochen
- natives Olivenöl extra
- 2 Stangen Staudensellerie
- 2 Karotten
- 2 gelbe Zwiebeln
- 1 ½ Gläser trockener Weißwein

Rinderrouladen mit Paprikaschoten

Involtini di manzo con i peperoni

Die Fleischscheiben auf eine Arbeitsfläche legen, mit einem Stück Backpapier abdecken und mit einem Fleischklopfer behutsam flach klopfen. Das Papier entfernen und die Oberfläche vom Fleisch mit je 1 Prise Salz, Majoran und Pfeffer würzen. Die Karotten und den Sellerie längs in Stäbchen schneiden (etwa 4 mm dick und 10 cm lang, also so breit wie die Rouladen). Auf jede Fleischscheibe 2–3 Stäbchen Sellerie, 2–3 Stäbchen Karotte und darauf eine Scheibe *guanciale* legen. Das Fleisch fest zu einer Roulade aufrollen und mit zwei kleinen Spießen verschließen.

Den noch übrigen Sellerie und die Karotte sowie die Zwiebel hacken.

Etwas Olivenöl auf den Boden eines schweren Schmortopfes geben und auf niedriger Stufe das gehackte Würzgemüse, die Lorbeerblätter, den zerdrückten Knoblauch und die *involtini* hineinlegen und diese von allen Seiten sanft anbraten. Mit dem Weißwein ablöschen und den Alkohol verdunsten lassen. Mit Salz und Pfeffer würzen und weiteren Majoran unterrühren. Nun die geschälten Tomaten dazugeben und so viel Wasser angießen, dass alles bedeckt ist.

Sobald die Flüssigkeit anfängt zu kochen, einen Deckel auflegen und auf niedrigster Stufe langsam köcheln lassen. Nach etwa 1 Stunde die geputzten und in Stücke geschnittenen Paprikaschoten zugeben und weitere 25 Minuten köcheln lassen. Zwischendurch hin und wieder wenden und jedes Mal wieder gut abdecken.

Wenn die Rouladen weich sind (mit einem Messer in das Fleisch einstechen), vom Herd nehmen und auf Teller verteilen.

Zutaten für 4 Personen

8 Scheiben Rindfleisch aus der Oberschale
Salz
frischer Majoran
schwarzer Pfeffer aus der Mühle
4 Karotten
4 Stangen Staudensellerie, geputzt
8 kleine Scheiben *guanciale* (Speck aus der Schweinebacke)
1 große gelbe Zwiebel
natives Olivenöl extra
3 Lorbeerblätter
1 Knoblauchzehe
½ Glas Weißwein
800 g geschälte Tomaten (aus der Dose)
2 große rote oder gelbe Paprikaschoten

kleine Holzspieße

Dieses Gericht ist, wie alle in umido (in Rom versteht man darunter das Garen mit Tomate) gegarten Gerichte, einige Stunden nach der Zubereitung viel schmackhafter und noch besser am Tag darauf. Mit der bei dieser Zubereitung übrig bleibenden Sauce lassen sich später wunderbar Fettuccine oder ähnliche Nudeln anrichten.

Süßsauer geschmorte Beinscheibe mit Zwiebeln

Ossobuco con cipolline in agrodolce

Zutaten für 4 Personen

Für das Fleisch:

4 große Beinscheiben vom Kalb (*ossobuco*)
Mehl
natives Olivenöl extra
2 mittelgroße Stangen Staudensellerie
1 Karotte
1 gelbe Zwiebel
3 getrocknete Lorbeerblätter
½ Sardellenfilet in Öl
knapp 1 Glas trockener Weißwein
Salz
Pfeffer aus der Mühle
frisch geriebene Muskatnuss

Das Fettgewebe um die Beinscheiben herum so einschneiden, dass es das Fleisch beim Garen nicht zusammenzieht und einrollt. Leicht mit Mehl bestäuben. Olivenöl in einen Topf geben und die Beinscheiben darin von beiden Seiten anbraten. Dann herausnehmen und auf einen Teller legen.

Sellerie, Karotte und Zwiebel zu einem *battuto* klein hacken, mit etwas mehr Olivenöl, den Lorbeerblättern und dem Sardellenfilet in den Topf geben und alles auf niedriger Stufe anschwitzen. Wenn das Sardellenfilet geschmolzen ist, die Temperatur erhöhen, das Fleisch wieder hineinlegen und alles zusammen erhitzen. Mit dem Wein ablöschen und den Alkohol verdunsten lassen.

Salz, Pfeffer und 1 Prise Muskat einrühren und 1 Glas warmes Wasser angießen. Wieder zum Kochen bringen und bei geschlossenem Deckel etwa 40 Minuten köcheln lassen. Die Beinscheiben hin und wieder wenden.

Zum Schluss erneut etwas Wasser zugeben, damit das Fleisch nicht zu trocken wird.

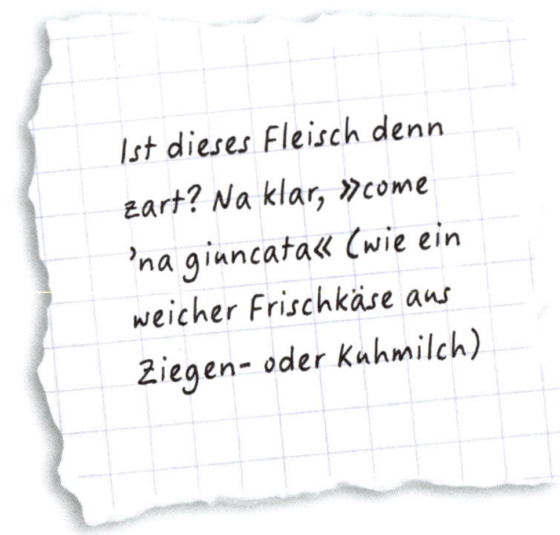

Cipolle borettane sind kleine, flache Zwiebeln aus der Region von Boretto in der Provinz Reggio Emilia, man kann sie aber durch andere kleine, knackige Zwiebeln ersetzen.

Die Zwiebeln häuten und sorgfältig abspülen. In einer Pfanne das Olivenöl und die Butter leicht erhitzen und die Zwiebeln darin zusammen mit den Lorbeerblättern etwa 5 Minuten glasig dünsten. Den Essig sowie Salz und Pfeffer zugeben und weitere 5 Minuten dünsten. Anschließend den Zucker und den Thymian zugeben und gründlich durchrühren. 400 ml Wasser angießen, sodass die Zwiebeln fast bedeckt sind. Den Deckel auflegen und alles auf niedriger Stufe etwa 30 Minuten köcheln lassen. Wenn die Zwiebeln weich sind, den Sud ohne Deckel bis zur gewünschten Konsistenz einkochen lassen und mit Salz und Pfeffer abschmecken.

Die durchgegarten Beinscheiben auf einer Servierplatte anrichten. Die Lorbeerblätter und den Thymian aus dem Bratenfond nehmen und die Sauce mit einem Stabmixer bis zur gewünschten Konsistenz pürieren (wenn nötig etwas Wasser und Olivenöl zugeben). Die Sauce wieder aufwärmen, mit Salz abschmecken und über die Fleischscheiben gießen. Die süßsauren Zwiebeln mit ihrer Sauce ebenfalls auf die Platte mit dem Fleisch geben.

Zutaten

Für die Zwiebeln:

500 g *Cipolline borettane* (ersatzweise andere kleine, knackige Zwiebeln)
natives Olivenöl extra
40 g Butter
2 Lorbeerblätter
50 ml Traubenessig
Salz
Pfeffer aus der Mühle
40 g Vollrohrzucker
1 Zweig Thymian

Fettuccine »Tiberinsel«

Fettuccine alla tiberina

Zutaten für 4 Personen

1 frische *salsiccia* (grobe Bratwurst)
50 g geräucherte *pancetta*
2 Stangen Staudensellerie
1 mittelgroße Zwiebel
1 Knoblauchzehe
1 Kräutersträußchen
natives Olivenöl extra
100 g Rinderhackfleisch
1 Glas Weißwein
frisch geriebene Muskatnuss
1 Prise gemahlene Gewürznelken
Salz
schwarzer Pfeffer aus der Mühle
800 g geschälte Tomaten (aus der Dose)
1 Handvoll getrocknete Pilze
Hühnerklein von 2 Hühnern (2 Lebern)
Zimtpulver
Fettuccine
120 g Parmigiano Reggiano, frisch gerieben, plus etwas mehr zum Servieren

Für die Fettucine siehe Rezept Seite 140

Das Wurstbrät der salsiccia aus der Pelle nehmen und zerkleinern. Die *pancetta* mit dem Messer hacken und beides bereithalten. Sellerie, Zwiebel, Knoblauch und Kräutersträußchen fein hacken und in einem Topf mit etwas Olivenöl auf mittlerer Stufe anschwitzen. Anschließend das Hackfleisch, das Wurstbrät und die *pancetta* zugeben, alles gut anbraten und mit dem Wein ablöschen. Wenn der Alkohol verdunstet ist, je 1 Prise gemahlene Muskatnuss und Gewürznelken sowie Salz und Pfeffer zugeben.

Die Tomaten von Hand zerdrücken und mit 2 Gläsern warmem Wasser, Salz und Pfeffer hinzufügen und alles aufkochen lassen. Auf eine niedrige Temperatur reduzieren und bei leicht geöffnetem Deckel 80 Minuten köcheln lassen. Dabei sollte es nicht zu trocken werden (wenn nötig noch etwas mehr Wasser zugeben).

In der Zwischenzeit die getrockneten Pilze in lauwarmem Wasser 10 Minuten einweichen.

Nach 1 Stunde Kochzeit das Hühnerklein, die getrockneten Pilze und etwas Zimtpulver zugeben und alles zusammen 20 Minuten garen. Auch jetzt sollte das Ganze nicht zu trocken werden. Mit Salz und Pfeffer abschmecken, vom Herd nehmen und ruhen lassen: Je länger es durchzieht, desto besser wird es schmecken.

Die *fettuccine* in reichlich Salzwasser *al dente* kochen, abgießen und in die Pfanne zur Sauce geben. Auf mittlerer Stufe sorgfältig vermengen und den frisch geriebenen Parmesankäse unterrühren.

Auf Teller verteilen und mit mehr Parmesan bestreut servieren.

Fettuccine mit Rouladensauce

Fettuccine all'uovo col sugo degli involtini

Zutaten für 4 Personen

320 g Weizenmehl, Type 00 (ersatzweise Type 405 und 550 gemischt, plus mehr zum Arbeiten)
140 g *semola rimacinata* (feiner Hartweizengrieß, plus mehr zum Arbeiten)
5 Bio-Eier
600 g Sauce von den »involtini« (siehe Seite 135)
160 g Pecorino Romano, frisch gerieben
Salz

Das Lieblingsgericht von nonna, die solche Hausmannskost zu Hause in großen Auflaufformen zubereitete.

Die Mehlsorten vermischt auf dem Nudelbrett anhäufen, eine Mulde hineindrücken und die Eier darin mit einer Gabel verquirlen. Dann das Mehl in die Eiermasse einrühren. Wenn alles eingearbeitet ist, den Teig von Hand energisch etwa 10 Minuten kneten, bis er schön glatt ist. Dann mit einem Geschirrtuch abgedeckt bei Zimmertemperatur etwa 30 Minuten ruhen lassen.

Zubereitung der fettuccine

Nun wird der Teig mit einem Nudelholz oder mit einer Nudelmaschine ausgerollt (eventuell noch Mehl zugeben, damit nichts klebt). Den Teig so lange ausrollen, bis er schön dünn ist. Wer die Nudeln gröber mag, kann den Teig auch etwas dicker lassen. Den Teig an den kürzeren Seiten leicht abrunden (das Teigblatt wird bei den angegebenen Mengen grob 50 × 50 cm messen) und einige Minuten ruhen lassen, zwischendurch umdrehen. Von unten anfangend den Teig bis zur Mitte hin aufrollen, dann von der anderen Seite ebenfalls aufrollen: Auf diese Weise entstehen zwei Rollen. Nun diese Rollen mit einem scharfen Messer in 1 cm breite *fettuccine* schneiden. Hochnehmen und auf einer mit etwas Hartweizengrieß bestäubten Arbeitsfläche zu einem Nest zusammenlegen.

Die Sauce der *involtini* in einer Pfanne mit etwas Wasser aufwärmen. In der Zwischenzeit die *fettuccine* in kochendes Salzwasser einlegen und *al dente* garen – wenn sie an die Oberfläche steigen, noch einige Minuten warten und dann in die Pfanne mit der Sauce geben. Mit der Hälfte des Pecorino verrühren und, wenn nötig, noch etwas Pastakochwasser zugeben, damit die Sauce sich besser um die Nudeln schmiegt. Auf tiefe Teller verteilen und mit dem restlichen Pecorino bestreut servieren.

Frittierte Fleischbällchen aus Kochfleisch

Polpette di bollito fritte

Sellerie, Karotte und Zwiebel putzen und klein schneiden. Mit Lorbeer, Salbei, den Tomaten, Salz, Gewürznelken, etwas Muskat und Pfeffer sowie mit reichlich Wasser in einen Topf geben. Die Gewürznelken am besten in die Zwiebelstücke stecken. Alles zum Kochen bringen, dann das Fleisch hineinlegen, wieder aufkochen lassen und den Deckel auflegen. Den nach einigen Minuten aufsteigenden Schaum mit einem Schaumlöffel abschöpfen.

Das Ganze auf niedriger Stufe mindestens 3 Stunden köcheln lassen. Wenn das Fleisch gar ist (ein scharfes Messer sollte sich leicht einstechen lassen), herausnehmen und auf einem Teller abkühlen lassen.

Für den Teig das Brot gut in Wasser einlegen, herausnehmen und sorgfältig ausdrücken. Das gekochte Fleisch mit einem Messer und viel Geduld klein hacken, oder, wenn es schneller gehen soll, entweder durch den Fleischwolf drehen oder in einer Küchenmaschine mit Schneidemesser zerkleinern. Dann in einer Schüssel mit dem Brot und allen übrigen Zutaten gründlich vermengen. Wenn nötig, Salz zugeben. Aus der Masse leicht flach gedrückte Fleischbällchen formen und diese einige Minuten im Kühlschrank ruhen lassen.

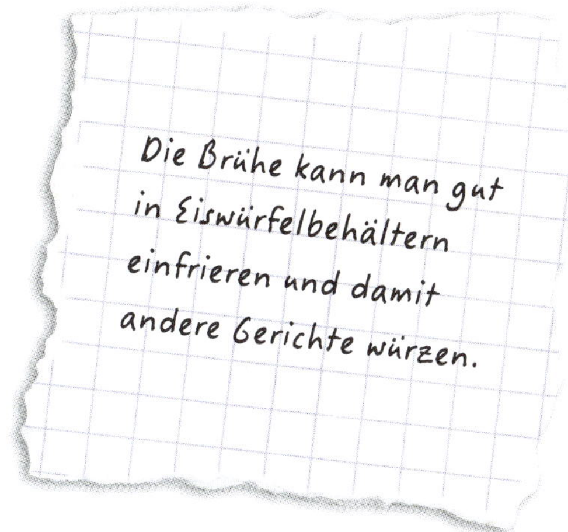

Zutaten für 4 Personen

Für das Kochfleisch:

1 große Stange Staudensellerie
1 große Karotte
1 große gelbe Zwiebel
4 Lorbeerblätter
2 Salbeiblätter
2 geschälte Tomaten (aus der Dose)
Salz
2 Gewürznelken
frisch geriebene Muskatnuss
schwarzer Pfeffer aus der Mühle
1,2 kg Rinderhesse (Muskelfleisch der Rinderwade)

Für den Teig:

180 g altbackenes Brot (am besten weiße Brötchen)
1 Portion Kochfleisch (durch den Kochvorgang verliert es etwa 40 % seines Gewichts)
1 Bund glatte Petersilie
1 Bio-Ei
30 g Parmigiano Reggiano
10 Sultaninen
10 Pinienkerne
Abrieb von ½ Bio-Zitrone
1 Prise gemahlene Koriandersamen
frisch geriebene Muskatnuss
schwarzer Pfeffer aus der Mühle
Salz

Für die Panade:

Mehl
2 Bio-Eier
200 g Semmelbrösel
1 l Sonnenblumen- oder Erdnussöl
Salz
Pfeffer aus der Mühle

Drei Schalen vorbereiten, eine mit Mehl, eine mit leicht gesalzenem und verquirltem Ei und eine mit den Semmelbröseln.

Die Fleischbällchen zuerst im Mehl wenden, dann durch das Ei ziehen und zum Schluss in den Bröseln wälzen.

Das Öl in einer Pfanne oder einem Topf auf 175 °C erhitzen und die Fleischbällchen darin von jeder Seite kurz frittieren. Das dauert nur wenige Minuten, denn sie sollen nur leicht goldbraun werden. Mit einem Schaumlöffel herausheben und zum Entfetten auf Küchenpapier legen. Mit Salz und nach Belieben mit Pfeffer nachwürzen.

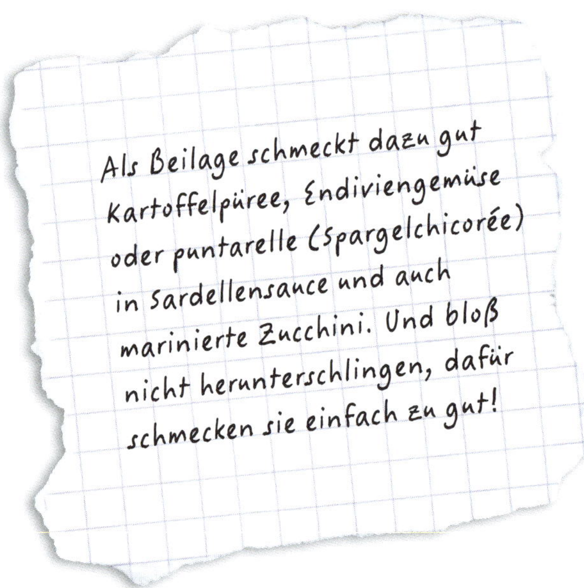

Kalbsschnitzel mit Schinken und Salbei

Saltimbocca alla romana

Jede Scheibe Kalbfleisch in drei Teile schneiden (so ergeben sich drei kleine Scheiben pro Portion).

Die Scheiben zwischen zwei Lagen Backpapier legen und mit einem Fleischklopfer behutsam flach klopfen. Das Papier abnehmen und jede Scheibe mit 1 Scheibe Schinken und 1 Salbeiblatt belegen. Zum Fixieren einen Zahnstocher von oben nach unten durchstechen. Anschließend alle Scheiben leicht von beiden Seiten mit Mehl bestäuben.

In einer beschichteten Pfanne etwas Olivenöl erhitzen und die Scheiben mit dem Schinken nach oben hineinlegen.

Einige Minuten auf mittlerer Stufe anbraten, leicht salzen und mit Pfeffer aus der Mühle würzen.

Mit dem Wein ablöschen und, wenn der Alkohol sich verflüchtigt hat, den Deckel auflegen, sodass im entstehenden Dampf auch die Seite mit dem Schinken gart, ohne trocken und zu salzig zu werden. Das dauert 1 Minute, anschließend den Deckel abnehmen.

Die Scheiben auf Teller verteilen. Den in der Pfanne verbliebenen Bratensud mit einer Kelle warmem Wasser ablöschen, mit Salz und Pfeffer abschmecken, die Butter unterrühren und auf mittlerer Stufe auf die gewünschte Konsistenz einkochen lassen. Diese Sauce dient dann zum Anrichten der *saltimbocca* auf den Tellern.

Mit etwas Olivenöl bester Qualität beträufelt servieren.

Zutaten für 4 Personen

500 g Kalbsnuss in Scheiben
dies entspricht vier großen Scheiben
150 g milder *prosciutto crudo*
12 frische Salbeiblätter
Mehl
natives Olivenöl extra
Salz
Pfeffer aus der Mühle
knapp 1 Glas trockener Weißwein
1 walnussgroßes Stück Butter

Zahnstocher

Fleischbällchen in Tomatensauce nach *nonna* Lella

Polpettine in umido di »nonna« Lella

Das altbackene Brot gut in Wasser einweichen und noch besser ausdrücken.

Dann in einer Schüssel mit dem Hackfleisch und allen anderen Zutaten zu einem Teig verarbeiten. Am besten wäre es, das Ganze noch einmal durch einen Fleischwolf zu drehen. Geht das nicht, sollte man sehr sorgfältig darauf achten, dass sich alles gut verbindet. Das gehackte Fleisch sollte möglichst frei von Fett und Sehnen sein, da diese sich beim Braten aufblähen würden und die Fleischbällchen auseinanderfallen könnten. Mit Salz und gegebenenfalls mehr Gewürzen abschmecken und die Masse etwa 30 Minuten im Kühlschrank ruhen lassen.

Für den Sugo in einer Pfanne das Olivenöl erhitzen und den gehackten Knoblauch mit *peperoncino* und dem Petersilienstängel auf niedriger Stufe leicht anbraten.

Wenn der Knoblauch angebraten ist, die Pfanne vom Herd nehmen, die Sardelle hineingeben und warten, bis sie geschmolzen ist. Dann die Tomaten, den Oregano, etwas Salz und eine große Kelle Wasser hinzufügen. 30 Minuten köcheln lassen, ohne dabei die Sauce zu sehr einkochen zu lassen: Die Fleischbällchen sollten sprichwörtlich darin eintauchen!

In der Zwischenzeit die Fleischmasse aus dem Kühlschrank nehmen und daraus mit leicht gefetteten Fingern kleine, etwa 50 g schwere Kugeln formen. Wenn sie alle fertig geformt sind, die Bällchen in die Sauce gleiten lassen.

Auf mittlerer Stufe weitere 20 Minuten ohne Deckel köcheln lassen. Dabei die Pfanne hin und wieder schwenken, damit die *polpette* gleichmäßig garen und rundum von Sauce bedeckt sind. Nach dem Garen alles gründlich durchziehen lassen. Zum Servieren die Bällchen auf einen tiefen Teller geben und mit etwas Sauce, Olivenöl und gehackter Petersilie anrichten.

Mehr Sauce, das heißt mehr leckere scarpetta – also mehr zum Auftunken!

Zutaten für 4 Personen

Für die Fleischbällchen:

250 g altbackenes Brot
ideal ist hier italienisches Brot!
1 kg mageres Kalbshackfleisch (damit es besonders fein wird, das Fleisch zweimal durch den Fleischwolf drehen)
1 Bio-Ei
1 Handvoll frisch geriebener Parmigiano Reggiano
1 Bund glatte Petersilie
frisch geriebene Muskatnuss
Koriandersamen
Oregano
Abrieb von ½ Bio-Zitrone
Salz
Pfeffer aus der Mühle

Für den sugo:

natives Olivenöl extra
3 Knoblauchzehen, gehackt
peperoncino
1 Stängel glatte Petersilie, plus ein paar zerkleinerte Blätter zum Garnieren
1 Sardellenfilet in Öl
1 kg Tomatenpassata
getrockneter *origano di Pantelleria* (Wildoregano)
Salz

DER GEMÜSEGARTEN

L'orto

Rom ist heute die größte landwirtschaftlich geprägte Gemeinde Europas: Seit der Antike erstrecken sich rings um die große Stadt ausgedehnte fruchtbare Anbauflächen. In der Tradition der römischen Küche hatte somit der Gemüsegarten oder besser gesagt das Gemüse immer eine große Bedeutung. Und daher nimmt Gemüse natürlich auch auf der Speisekarte der Trattoria *Sora Lella* bei jedem Gericht eine Hauptrolle ein – von Antipasti über Nudelgerichte bis hin zu Beilagen kommt Gemüse in irgendeiner Form immer auf den Tisch. Die Tomate beispielsweise, gefüllt mit Reis in einem der typischen Sommergerichte, deren Duft an Meer und Ferien mit *papà* Aldo, *nonna* Lella und der ganzen Familie erinnert oder in einer leckeren *panzanella*, einem Brotsalat, in dem Brot vom Vortag eine würdige Verwertung findet. Eine der Hauptzutaten ist die Tomate auch in den legendären *melanzane alla Parmigiana*, die, in der Version der Trattoria, mit Walnusskernen zubereitet werden, die dem grundsätzlich eher herrlich weichen Gericht und wahren Symbol des *comfort food* eine krokante Note verleihen.

Aus dem sommerlichen Gemüsegarten kommen auch die *zucchine marinate*, mit dem leicht säuerlichen Geschmack ein Gegenpol zum vielen Fett; und sie feiern ein weiteres Symbol der ewigen Stadt: die *zucchina romanesca*. Diese in der Gemeinde und in der Provinz Rom (Cerveteri und Maccarese) sowie in der Gegend des Agro Pontino zwischen Fondi, Latina und Sermoneta angebaute Zucchinisorte unterscheidet sich von den vielen anderen, oft eher faden Sorten durch einen leicht bitteren Geschmack und durch die Blüten, die, gefüllt und frittiert, einen klassischen römischen *antipasto* ergeben.

Im winterlichen Gemüsegarten dagegen begegnen wir den unverwechselbaren *puntarelle*: Dieses in Italien sehr beliebte Gemüse aus der Familie der Zichorien wird dort auch als

catalogna oder *cicoria asparago* bezeichnet. (Die an Löwenzahn erinnernden Triebe werden im Deutschen oft Spargelchicorée, Vulkanspargel oder eben auch *puntarelle* genannt.) Das Ritual des Putzens und der Zubereitung dieser delikaten Triebe wird in jeder Familie über Generationen weitergegeben, auch wenn man sie heute bereits geputzt kaufen kann, auf dem Markt ebenso wie im Supermarkt. Angerichtet mit einer geschmacksintensiven Sauce aus eingelegten Sardellen und Knoblauch, die in der Trattoria auch in anderen Gerichten für den gewissen Kick sorgt, sind sie Ausdruck einer Küche, der es gelingt, ein einfaches, noch dazu bitteres Gemüse in eine unvergessliche Delikatesse zu verwandeln. Ebenso bitter und einfach sind zwei weitere Wintersalate, die krause Endivie (Frisée) und die glatte Endivie (Eskariol). Blanchiert und dann in der Pfanne mit Rosinen und Pinienkernen angerichtet, sind sie beispielsweise die perfekte Beilage zu den panierten Lammkoteletts (siehe Seite 64).

Gemüse jeglicher Art ist zudem Hauptzutat der vielen Suppen, die das kulinarische Panorama Roms prägen: Zwei der Suppen, die Elena Fabrizi am liebsten mochte und die sich daher in den Erinnerungen der Enkelkinder besonders eingeprägt haben, sind *pasta e fagioli* (Nudeln mit Bohnen) und *pasta e patate* (Nudeln mit Kartoffeln). Sowohl Hülsenfrüchte als auch Kartoffeln finden ihren Weg auf die italienische Halbinsel nach der Entdeckung Amerikas und gelangen dann in Rom an den päpstlichen Hof. Im Handumdrehen aber erobern sie sich dank ihres Nährstoffreichtums und der guten Sättigungswirkung einen Platz auf den Esstischen der Menschen. Den besonderen Hauch von Persönlichkeit und Geschmack bekommen sie in der Trattoria sowohl durch die Zubereitung als auch durch die verwendete Nudelsorte, *maltagliati all'uovo* (ursprünglich Reste aus hausgemachten Teigplatten für Eiernudeln), darüber hinaus aber auch durch den *guanciale*, der für einen besonderen Kick sorgt. Zwei einzigartige Gerichte, wie man heute sagen würde.

Eine Erinnerung von Renato: »Wenn ich *nonna* zu Hause besuchte, roch es eigentlich immer stark nach Gekochtem. Ich muss sieben oder acht Jahre alt gewesen sein und mir war nicht klar, wo das herkam. Im ganzen Haus schwebte der Geruch von *pasta e patate*, verursacht durch das *soffritto di cipolla*, gehackte und in Olivenöl angedünstete Zwiebeln. Und das war sehr oft der Fall und ein Beleg dafür, dass das ihre Lieblingssuppe war. Im Sommer stellte sie sie in den Kühlschrank denn wie sie meinte, konnte die Suppe nur besser werden, wenn alles gut durchzieht!«

Auberginen-Parmigiana nach Art von Sora Lella

Melanzane alla parmigiana della Sora Lella

Zutaten für 4 Personen

Für den sugo:

500 g geschälte Tomaten (aus der Dose; alternativ im Sommer 700 g frische Tomaten, vorzugsweise die Sorte »Casalino« aus dem Latium)
1 Stange Staudensellerie
1 Karotte
1 gelbe Zwiebel
natives Olivenöl extra
1 Stängel Basilikum
Salz

Für die Ricotta-Farce:

100 g Ricotta romana (aus Schafsmilch)
4 TL Honig (beliebige Blütensorte)
4 Walnusskerne
Salz
350 g Mozzarella (aus Kuhmilch)
2 kg feste Auberginen
250 g Parmigiano Reggiano (24 Monate gereift)
einige Basilikumblätter
schwarzer Pfeffer aus der Mühle

Zum Frittieren der Auberginen:

1 l Sonnenblumen- oder Erdnussöl
Mehl
Salz

Der sugo

Alle Zutaten »roh« in einen Topf geben: Tomaten, Sellerie, Karotte und Zwiebel, alles in grobe Stücke zerkleinert, etwas Olivenöl, das Basilikum, etwas Salz sowie eine gute Kelle Wasser. Auf mittlerer bis hoher Stufe zum Kochen bringen.

Sobald alles blubbert, den Herd auf die niedrigste Stufe stellen und unter gelegentlichem Rühren mit einem Holzlöffel weiter köcheln lassen. Nach 15 Minuten mit einem Schneebesen weiterrühren, so wird die Masse glatter, dann weitere 15 Minuten köcheln. Das Basilikum herausnehmen, mit Salz abschmecken und alles durch ein Passiersieb drehen.

Ricotta-Farce:

Den Ricotta in einer Schüssel mit Honig, Nüssen und 1 Prise Salz verrühren und beiseitestellen. Den Mozzarella in kleine Würfel schneiden, in ein kleines Sieb legen und im Kühlschrank 30 Minuten abtropfen lassen.

Die Auberginen waschen und sorgfältig trocknen. Die Enden abschneiden und mit einem Sparschäler in Längsrichtung einen Streifen Schale abziehen, einen Streifen Schale lassen und so weiter, sodass die Auberginen am Ende längs gestreift sind. Es ist sinnvoll, nicht die gesamte Schale zu entfernen, da die Aubergine dann eine bessere Konsistenz behält. Anschließend längs in etwa 1 cm dicke Scheiben schneiden.

In der Zwischenzeit in einer Pfanne das Öl auf ca. 175 °C erhitzen (den Stiel vom Basilikum hineinhalten; wenn das Öl brutzelt, ist es so weit!).

Die Auberginenscheiben trocknen und mit Mehl bestäuben. Wenn die Temperatur erreicht ist, die Scheiben von beiden Seiten goldbraun braten. Herausnehmen, gründlich abtropfen lassen und auf Küchenpapier legen. Sobald sie lauwarm sind, leicht salzen.

Nun sind die einzelnen Komponenten vorbereitet, also Sauce, gebratene Auberginenscheiben, Mozzarellawürfel und angerührter Ricotta, und alles kann zusammengefügt werden!

Auf den Boden einer 6 cm hohen Auflaufform in der Größe 24 × 16 cm (diese Maße passen zu den angegebenen Zutatenmengen) eine dünne Schicht Tomatensauce verteilen und dann in folgender Reihenfolge schichten: Auberginen, Tomatensauce, von Hand zerpflückte Basilikumblätter, Mozzarellawürfel, Ricottacreme, geriebener Parmigiano Reggiano. Auf dieselbe Weise zwei weitere Schichten einfüllen.

Bei der dritten Lage sollten weniger Mozzarellawürfel verwendet werden als vorher. Parmesan dagegen kommt reichlich darauf, sodass das Ganze am Ende eine schön knusprige Oberfläche bekommt.

Die Form in den auf 180 °C vorgeheizten Backofen schieben und die *parmigiana* etwa 30 Minuten backen. Dann aus dem Ofen nehmen und abkühlen lassen. In Portionen teilen und nach Belieben mit noch mehr Parmesan bestreut servieren.

Puntarelle mit Sardellensauce

Puntarelle con salsa di alici

Das Öl von den Sardellen gründlich abtropfen lassen und in eine kleine Kanne geben. Den Knoblauch klein hacken, mit dem Olivenöl und Essig dazugeben und mit einem Stabmixer einige Sekunden pürieren. Anschließend 15 Minuten ruhen lassen. Mit Salz abschmecken und erneut durchquirlen.

Die geputzten *puntarelle* in Eiswasser tauchen, sodass sie sich durch den Temperaturschock kräuseln. Das gut abgetropfte Gemüse in einer Schüssel von Hand mit der Sauce vermengen und vor dem Servieren etwas durchziehen lassen. Genuss pur!

Zutaten für 4 Personen

4 Sardellenfilets in Öl
2 Knoblauchzehen
200 ml natives Olivenöl extra
50 ml Traubenessig
220 g geputzte *puntarelle* (Spargelchicorée)
Salz

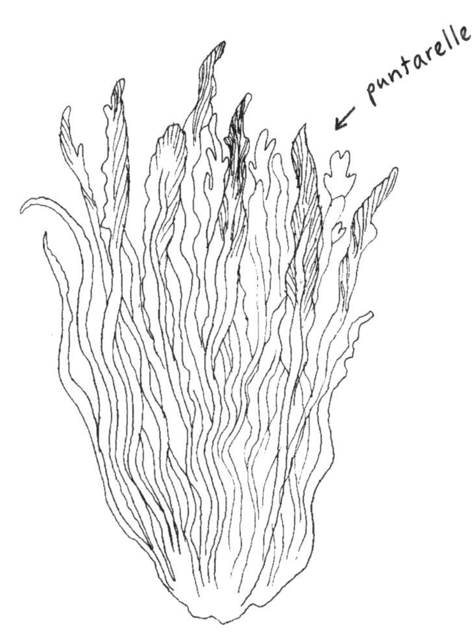

Römischer Brotsalat mit Casalino-Tomaten

Panzanella romana con il casalino

Die Tomaten in Stücke schneiden und in eine Schüssel legen. Die Zwiebel in sehr feine Ringe schneiden und dazugeben. Die Oliven entsteinen, die Basilikumblätter mit den Fingern klein zupfen und mit den anderen Zutaten dazugeben: Mit Salz und Pfeffer würzen, Oregano, Olivenöl und etwas Essig hinzufügen. Alles sorgfältig mischen und einige Minuten durchziehen lassen.

Das altbackene Brot in Scheiben schneiden (frischeres Brot kurz in der Pfanne oder im Backofen rösten). In einer zweiten Schüssel Wasser und Essig vermengen (auf ein Glas Wasser etwa fingerbreit Essig oder nach Geschmack mehr oder weniger). Die Brotscheiben kurz hineintunken, sodass sie sich gerade leicht vollsaugen. Gründlich abtropfen lassen, auf eine Platte legen und mit etwas Olivenöl beträufeln.

Die zuvor angemachten Tomaten darüber verteilen.

Alternativ kann man auch das Brot zuerst in Scheiben und dann in etwa 5 cm große Stücke schneiden. Auch hierfür in eine große Schüssel Wasser und Essig gießen, die Brotstücke eintunken und kurz vollsaugen lassen. Dann ausdrücken, ohne sie zu stark zu drücken, und zu den Tomaten in die Schüssel geben. Alles sorgfältig vermengen und servieren: Ein tolles frisches und leckeres Gericht, ideal als antipasto oder Zwischengang und auch als gesunde kleine Mahlzeit zwischendurch.

Zutaten für 4 Personen

500 g vollreife Casalino-Tomaten (ersatzweise andere gut reife Tomaten)
1 rote Zwiebel
20 Gaeta-Oliven
10 Basilikumblätter
Salz
schwarzer Pfeffer aus der Mühle oder unser Pfeffermix
(siehe Seite 49)
getrockneter Oregano
natives Olivenöl extra
Traubenessig
300 g altbackenes Brot

Genau wie die pomodori co' riso war auch diese panzanella meist bei unseren sonntäglichen Ausflügen aufs Land oder ans Meer dabei, aber auch, wenn wir in die typischen Weinlokale, die fraschette, einkehrten, bestellten wir als antipasto für die ganze Familie häufig eine frische, köstliche panzanella.

Gefüllte Tomaten mit Reis

Pomodori co' riso

Die Kartoffeln schälen und in nicht zu kleine Würfel schneiden, etwa 5 cm Seitenlänge. Leicht gesalzenes Wasser zum Kochen bringen und die Kartoffeln darin einige Minuten kochen. Abgießen und in einer Schüssel mit gehacktem Rosmarin, 2 zerdrückten Knoblauchzehen sowie Salz und Pfeffer von Hand vermengen.

Die Tomaten waschen, die Kappen mit dem Blütenansatz abschneiden und beiseitelegen. Mit einem Löffel die Tomaten aushöhlen, ohne den Boden einzustechen. Das dabei gewonnene Fruchtfleisch in eine Schüssel geben. Die zwei übrigen Knoblauchzehen, die Zwiebel, die Petersilie und das Basilikum mit dem Messer fein hacken und zum Fruchtfleisch geben. Dann auch den getrockneten Oregano, das Tomatenmark, 4 EL Wasser, reichlich Olivenöl, Salz und Pfeffer hinzufügen und alles miteinander vermengen. Die Sauce ist nun fertig.

Weiter geht es mit dem Reis: Diesen gründlich waschen, damit er etwas Stärke abgibt und beim Garvorgang körniger bleibt. Dann in die Schüssel mit der Tomatensauce geben, sorgfältig durchmengen und etwa 25 Minuten in den Kühlschrank stellen.

In der Zwischenzeit eine große Auflaufform mit Backpapier auslegen und den Boden mit Olivenöl einpinseln, mit Salz und Pfeffer bestreuen und dann die Tomaten mit etwas Abstand darin platzieren.

Nun die ausgehöhlten Tomaten mit dem gut durchgezogenen Reis füllen – *aber Vorsicht, nicht zu voll, sonst kann es passieren, dass die Tomaten aufplatzen, wenn der Reis gart!* Überschüssiger Reis kann einfach auf dem Boden der Form oder über den Kartoffeln verteilt werden.

Die Kartoffeln gleichmäßig in den Zwischenräumen verteilen. Die Tomaten mit den zuvor beiseitestellten Kappen verschließen und noch etwas Salz und Olivenöl über allem verteilen.

Bei 180 °C etwa 1 Stunde garen. Anschließend die Form aus dem Ofen nehmen und abkühlen lassen. Die gefüllten Tomaten werden lauwarm gegessen, schmecken kalt aber sogar noch besser.

Zutaten für 4 Personen

4 mittelgroße Kartoffeln
Salz
je 1 kleines Bund Rosmarin, Petersilie, Basilikum
4 Knoblauchzehen
schwarzer Pfeffer aus der Mühle
4 große Tomaten, nicht ganz durchgereift
½ gelbe Zwiebel
getrockneter Oregano
1 TL Tomatenmark
natives Olivenöl extra
140 g Risottoreis (Sorte »Arborio«)

Dieses Gericht findet man heute kaum noch in Trattorien und Restaurants, höchstens in der ein oder anderen rosticceria. Neben panierten Schnitzeln war dies das Gericht, das es am häufigsten bei unseren Ausflügen ans Meer mit nonna, papà und der ganzen Familie als Mittagessen gab – große Formen voller mit Reis gefüllten Tomaten, eingehüllt in ein großes Tuch, das an den Spitzen verknotet war … Ach, das waren schöne Zeiten!

Nudel-Bohnen-Eintopf

Pasta e fagioli

Der König der Eintöpfe!

Zutaten für 4 Personen

250 g getrocknete Borlotti-Bohnen
2 gestrichene TL Backnatron
2 Stangen Staudensellerie
2 mittelgroße Karotten
2 gelbe Zwiebeln
40 g *salsiccia* (grobe Bratwurst) aus Schweinefleich
30 g geräucherter *guanciale* (Speck aus der Schweinebacke)
1 kleines Bund frisches Basilikum
natives Olivenöl extra
½ Glas trockener Weißwein
250 g geschälte Tomaten (aus der Dose)
Salz
schwarzer Pfeffer aus der Mühle
140 g *maltagliati* (aus Eiernudelteig)

Der erste Schritt für *pasta e fagioli* erfolgt am Abend zuvor, denn die getrockneten Bohnen müssen gut eingeweicht werden. Dazu die Bohnen mit dem Backnatron in 1 l Wasser legen. Am folgenden Morgen abgießen, sorgfältig abspülen und dann mit frischem Wasser, 1 Stange Staudensellerie, 1 Karotte und 1 Zwiebel in einen Topf geben und auf mittlerer Stufe zum Kochen bringen. Dann die Temperatur reduzieren und die Bohnen auf niedriger Stufe in etwa 35 Minuten gar köcheln lassen. Mit dem Kochwasser im Topf ruhen lassen und leicht salzen.

Die *salsiccia* mit dem Messer hacken und den *guanciale* in Streifen schneiden.

Für ein *battuto* die verbliebene Selleriestange, Karotte, Zwiebel und das Basilikum hacken und in etwas Olivenöl in einem Topf anschwitzen. Nach 5 Minuten *salsiccia* und *guanciale* zugeben und mitbraten. Mit dem Weißwein ablöschen und, sobald der Alkohol verdunstet ist, das Basilikum herausnehmen und die geschälten Tomaten dazugeben. Diese am besten zuvor mit einem Schneebesen etwas zerkleinern. Genug Wasser zugießen und die Tomaten etwa 20 Minuten garen, die Sauce sollte dabei nicht zu trocken werden.

Von den gegarten Bohnen ein Drittel abnehmen und pürieren. Die ganzen Bohnen dagegen kommen mit etwas von ihrem Kochwasser in die Tomatensauce.

Zum Kochen bringen und etwa 5 Minuten leise köcheln lassen, damit sich alle Zutaten gut verbinden. Wenn nötig, noch etwas Wasser zugeben.

Mit Salz und Pfeffer würzen, kräftig durchrühren und dann stehen lassen, damit die Suppe schön sämig wird. Je länger sie durchzieht, desto besser wird sie schmecken.

Kurz vor dem Servieren die Suppe auf mittlerer Stufe wieder zum Kochen bringen, die *maltagliati* dazugeben und *al dente* kochen. Wichtig ist hier die Konsistenz: Die Suppe sollte nicht zu dickflüssig sein, aber auch nicht zu »labbrig«. Auf tiefe Teller oder Schüsseln aus Ton verteilen, mit Olivenöl beträufeln und nach Belieben noch etwas Pfeffer darübermahlen.

Nudel-Kartoffel-Eintopf

Pasta e patate

Die Kartoffeln in etwa 2 cm große Stücke schneiden und in Wasser legen, damit sie nicht braun werden, und die Würzzutaten, also Karotte, Zwiebel und Sellerie (ohne die faserigen Teile), zu einem *battuto* hacken.

Das Wurstbrät zerbröseln und die *pancetta* in kleine Streifen schneiden.

In einem Edelstahltopf etwas Olivenöl erhitzen und den *battuto* und die Fleischstückchen anbraten.

Wenn alles gut gebräunt ist *(aber bloß nicht anbrennen lassen!)*, die abgegossenen gewürfelten Kartoffeln dazugeben. Etwa 5 Minuten anbraten, bis die Kartoffeln durch die austretende Stärke leicht klebrig werden. Dann mit dem Wein ablöschen. Wenn der Alkohol verdunstet ist, mit Salz und Pfeffer würzen, sorgfältig durchrühren und die Tomaten (*wie immer am besten von Hand zerdrückt oder mit einer Gabel zerkleinert*) sowie das Basilikum zugeben, am besten mit Zweig, so kann man ihn leicht wieder herausziehen. Gründlich vermengen und auf niedriger Stufe leise köcheln lassen, damit alles gut durchzieht. Dabei sollten die Kartoffeln nicht am Boden anbacken.

Anschließend so viel Wasser zugießen, dass die Kartoffeln ein paar fingerbreit bedeckt sind, und auf mittlerer Stufe zum Kochen bringen. Dann auf die niedrigste Stufe stellen und bei leicht geöffnetem Deckel (gut geht das mit einem Holzlöffel, den man unter den Deckel legt) köcheln lassen. Nach etwa 20 Minuten sollten die Kartoffeln gar sein, das heißt, dass sie sich mit einer Gabel leicht einstechen lassen. Dann mit Salz und Pfeffer abschmecken, den Topf vom Herd nehmen und das Ganze mindestens 2 Stunden bei Zimmertemperatur ruhen lassen. Wenn genug Zeit ist, lohnt es sich, die Suppe im Kühlschrank 1 Tag stehen zu lassen.

Zutaten für 4 Personen

- 600 g Kartoffeln (idealerweise festkochend)
- 1 Karotte
- 1 gelbe Zwiebel
- 2 Stangen Staudensellerie
- 1 *salsiccia* (grobe Bratwurst) aus Schweinefleisch
- 1 kleine Scheibe geräucherte *pancetta*
- natives Olivenöl extra
- ½ Glas trockener Weißwein
- Salz
- schwarzer Pfeffer aus der Mühle oder unser Pfeffermix (siehe Seite 49)
- 200 g geschälte Tomaten (aus der Dose)
- 1 kleines Bund frisches Basilikum
- 120 g Nudeln, z.B. klein gebrochene Spaghetti, ← die mochte nonna am liebsten, *cannolicchi, lisci* oder *rigati* oder aber 160 g *maltagliati* aus Eiernudelteig
- 100 g Pecorino Romano

Kurz vor dem Servieren 200 ml lauwarmes Wasser hinzufügen und alles erhitzen. Den mittlerweile zerkochten Basilikumzweig herausnehmen und, wenn die Suppe aufkocht, die Nudeln zugeben. Unter gelegentlichem Rühren die Pasta *al dente* garen und währenddessen einen Teil des Pecorino unterrühren. Bei *maltagliati* reichen 3 Minuten, Spaghetti und *cannolicchi* dagegen werden am besten 5–6 Minuten in Wasser vorgekocht und dann weitere 3–4 Minuten direkt in der Suppe fertig gegart.

Wenn die Nudeln *al dente* sind, kann die Suppe auf tiefe Teller verteilt werden. Mit etwas Olivenöl beträufelt und mit dem restlichen Pecorino sowie 1 Prise Pfeffer bestreut servieren.

Glatte und krause Endivie aus der Pfanne

Indivia e scarola ripassate

Zutaten für 4 Personen

1 Kopf krause Endivie (Frisée)
1 Kopf glatte Endivie (Eskariol)
1 Msp. Backnatron
Salz
20 Sultaninen
20 Pinienkerne
2 Knoblauchzehen
natives Olivenöl extra
frische *peperoncino*-Schoten
1 Sardellenfilet in Öl

Beim Putzen des Gemüses die äußeren Blätter nur entfernen, wenn sie gelblich und unschön sind.

Die Blätter abtrennen und waschen. Dazu in Wasser einlegen, das mit 1 Messerspitze Backnatron versetzt ist.

In der Zwischenzeit in einem Topf Salzwasser zum Kochen bringen.

Die Blätter abspülen und im kochenden Wasser ohne Deckel 2 Minuten blanchieren. Abgießen und in einem Sieb abkühlen lassen.

Die Sultaninen etwa 10 Minuten in Wasser einweichen, dann ausdrücken. Die Pinienkerne in einer beschichteten Pfanne ohne Öl goldgelb rösten. Sultaninen und Pinienkerne griffbereit beiseitestellen.

In einer zweiten Pfanne, am besten aus Eisen, den zerdrückten Knoblauch in Olivenöl goldbraun anbraten, dann die Pfanne vom Herd nehmen. Den *peperoncino* und das Sardellenfilet hinzufügen und warten, bis es schmilzt.

Dann die Pfanne wieder auf mittlerer bis hoher Stufe erhitzen und die sorgfältig ausgedrückten Endivienblätter beider Sorten darin 3 Minuten unter Rühren erhitzen. Mit Salz abschmecken und nach Bedarf noch Olivenöl dazugeben. Die Sultaninen und die Pinienkerne hinzufügen und unter Rühren einige Minuten miterhitzen.

Die Pfanne vom Herd nehmen, das Gemüse auf Teller verteilen und servieren.

Eine leckere, saftige Beilage, die sehr gut zu panierten Schnitzeln oder Fleischbällchen schmeckt, aber auch einfach in einem Brötchen oder zwischen zwei Scheiben Brot köstlich ist.

Marinierte Zucchini

Zucchine marinate

Von den gewaschenen und abgetrockneten Zucchini die Enden abschneiden und in etwa 4 mm dicke Scheiben schneiden.

In einer Pfanne aus Aluminium das Sonnenblumenöl auf die richtige Temperatur erhitzen (mit einem Stängel Petersilie prüfen – wenn es zischt, ist es gut) und die Zucchinischeiben gut in das Öl eingetaucht frittieren. Mit einem Schaumlöffel ab und zu durchrühren, damit sie gleichmäßig braten. Die schön goldbraun gebratenen Scheiben herausnehmen, abtropfen lassen und auf einem mit Küchenpapier ausgelegten Teller abkühlen lassen.

In der Zwischenzeit für die Sauce zum Anrichten der Zucchinischeiben das Olivenöl, den Essig, *peperoncino*, den Knoblauch, das Basilikum und die Petersilie in eine Schüssel geben, sorgfältig mischen und durchziehen lassen.

Nach etwa 30 Minuten haben die Zucchinischeiben die richtige Temperatur, um angerichtet zu werden. Dazu leicht salzen und dann mit der zuvor vorbereiteten Sauce beträufeln.

Vor dem Servieren mindestens 2 Stunden durchziehen lassen.

Zutaten für 4 Personen

1 kg *zucchine romanesche*
1 l Sonnenblumenöl zum Frittieren
100 g natives Olivenöl extra
25 ml Traubenessig
peperoncino
3 große Knoblauchzehen, zerdrückt
10 frische Basilikumblätter, von Hand klein gezupft
10 Petersilienblätter, von Hand klein gezupft
Salz

Für eine leckere Zwischenmahlzeit oder ein Mittagessen unterwegs zwei Scheiben Brot rösten, eine Scheibe mit Zucchini belegen, darauf eine Scheibe geräucherte provola und dann wieder Zucchini und mit der zweiten Brotscheibe zudecken. So ist man für den restlichen Tag gerüstet.

FISCH

Il pesce

Cara Sora Lella nostra, nun ce sei più – du weilst nicht mehr unter uns. Wer weiß, wann ich jemals wieder diese leckere Pasta mit Brokkoli und Rochen essen werde, wie ich sie vor vielen Jahren bei dir kennenlernen durfte.« Elena war eine Köchin, die mit jedweder Zutat umzugehen wusste, und so gehörten zu ihrem Repertoire auch leckere Fischgerichte. Den Fisch kaufte sie zusammen mit ihrem Sohn Aldo auf dem Markt von Testaccio, am Stand von *zia* Vera. Sicher, es ging immer um den Fisch, den man in Rom bekam, also einfachen Fisch, zubereitet mit der kulinarischen Fantasie einfacher Leute. Denn – wie Bartolomeo Scappi, Koch des Papstes, in seiner *Opera*, einem der umfangreichsten Rezept-

bücher des 16. Jahrhunderts, berichtet – die kostbareren Fische landeten früher traditionell auf den Tischen der Päpste oder reichen Kardinäle: vom Karpfen aus dem Gardasee, eingewickelt in Blätter und dann geräuchert, über *lomboli*, in Salz eingelegte Filets vom Stör, die in Venedig zu finden waren, bis zu Lachs in Lake aus Flandern und dem Burgund und dem Kaviar, den Scappi aus Alexandria in Ägypten bezog. Das Volk hingegen hatte gelernt, jene Teile vom Fisch zu kaufen und in leckere Gerichte zu verwandeln, die nicht verkauft worden waren oder als minderwertiger galten.

Und so wurde der Rochen zur Hauptzutat von *pasta, broccoli e arzilla*, ein ursprünglich jüdisch-römisches Gericht, das am Portikus der Octavia beim antiken Forum Piscarium entstand, im Herzen des nur durch den Ponte Fabricio geteilten jüdischen Gettos. *Baccalà*, Klippfisch, dagegen, ein in Salz konservierter Fisch, der früher Teil vieler Fastengerichte war, wird in der Trattoria in einem aromatischen Sud mit Pinienkernen und Rosinen zubereitet. In vielen Gerichten darf die eingelegte Sardelle nicht fehlen, wenn auch nur, um dem Gericht Würze zu verleihen – genau wie es die alten Römer mit ihrem *garum* hielten, einem Vorläufer der heute an der Amalfiküste hergestellten *colatura di alici* (Sardellensauce), die Apicius in seinem Werk *De re coquinaria* als Basiswürze für gut 20 Gerichte nennt. Ebenso lässt Renato Sardellen heute für zahlreiche Zubereitungen in der Pfanne schmelzen, und so sind sie auch die Grundlage für die Sauce der leckeren *puntarelle*.

Auf die Idee zu *pasta ceci e vongole* dagegen kam Sora Lella durch Franco Lechner, einem Charakterschauspieler mit dem Künstlernamen Bombolo, der ihr den Vorschlag dazu machte: »A Sora Lè, ne la pasta e ceci provate a mettece le vongole veraci, tze tze. (Sora Lé, versuchen Sie die Pasta mit Kichererbsen doch mal mit Venusmuscheln.)«

Auf der Speisekarte steht auch eines der historischen Rezepte von Pellegrino Artusi, *seppie in umido con piselli*: Auch dies ein großer Klassiker der römischen Küche bei Festmahlen, vor allem zu Weihnachten, mit jener unverwechselbaren Note des Garens in Tomate. Und dann sind da noch die *paccheri a modo mio*, eine Idee von Renato, für die der *baccalà* (Klippfisch), eine klassische Zutat der römischen Küche, mit Miesmuscheln, der frischen Note von Zitrone und der Ausdruckskraft von Pecorino in Einklang gebracht wird.

Nudel-Kichererbsen-Suppe mit Venusmuscheln

Pasta ceci e vongole

Am Vorabend die getrockneten Kichererbsen in 1 l Wasser einlegen und das Backnatron einrühren.

Früh am nächsten Morgen das Wasser wechseln, ohne die Kichererbsen abzuspülen, und noch einige Stunden stehen lassen. Nach dem Einweichen die Kichererbsen abgießen und gründlich abspülen. Dann mit 1 Knoblauchzehe und dem Rosmarinzweig in einem Topf mit reichlich Wasser gar kochen. Dies dauert 1 gute Stunde, hängt aber im Wesentlichen von der Art der Kichererbsen ab. Nach der Garzeit die Kichererbsen im Kochwasser auf Zimmertemperatur abkühlen lassen und leicht salzen.

Von den Muscheln diejenigen aussortieren, deren Schale beschädigt ist, die anderen auf ein Schneidebrett klopfen. Dabei öffnen sich diejenigen, die voller Sand sind, und lassen sich leicht aussortieren. Die lebenden Muscheln, die ganz geblieben sind, für einige Stunden in leicht gesalzenes Wasser einlegen. Das Wasser sollte die Muscheln gerade so bedecken.

Wenn die Muscheln den Sand ausgeschieden haben, unter fließendem kaltem Wasser gründlich abspülen.

1 Knoblauchzehe zerdrücken und mit etwas Olivenöl und 1 Petersilienstängel in einer Pfanne erhitzen. Wenn der Knoblauch sich gerade leicht verfärbt, die Muscheln mit dem Wein hinzufügen und nach wenigen Sekunden mit einem Deckel gut verschließen. Auf mittlerer Stufe köcheln lassen. Dabei den Topf mit dem geschlossenen Deckel hin und wieder schütteln, damit die Muscheln gleichmäßig Hitze bekommen, sodass sie sich gleichzeitig öffnen. Sobald sie sich geöffnet haben, den Topf vom Herd nehmen und abkühlen lassen.

Das Muschelfleisch aus den Schalen nehmen und in dem durch ein feines Sieb abgeseihten Kochwasser liegen lassen.

Zutaten für 4 Personen

220 g getrocknete Kichererbsen (oder 450 g vorgegarte Kichererbsen aus der Dose)
2 TL Backnatron
3 Knoblauchzehen
1 Zweig frischer Rosmarin, plus etwas gemahlener Rosmarin
Salz
450 g Venusmuscheln
natives Olivenöl extra
4 Stängel frische glatte Petersilie
½ Glas trockener Weißwein
1 Sardellenfilet in Öl
1 *peperoncino*-Schote, nach Belieben mehr
200 g geschälte Tomaten (aus der Dose)
120–130 g frische *maltagliati* (aus Eiernudelteig)

Wenn die Kichererbsen gegart und die Muscheln vorbereitet sind, geht es an die Zubereitung des Eintopfs.

Die letzte Knoblauchzehe halbieren (den Keim gegebenenfalls entfernen) und in einem Topf mit 1 Stängel Petersilie in etwas Olivenöl anschwitzen. Dann vom Herd nehmen und die Sardelle sowie die Chilischote hineingeben. Wenn sich die Sardelle aufgelöst hat, die Tomaten zerdrücken und mit gemahlenem Rosmarin und Salz zugeben (nicht zu viel Salz, da die Venusmuscheln und ihre Kochflüssigkeit schon für sich genommen recht würzig sind). Alles auf mittlerer Stufe wieder erhitzen und 20–25 Minuten köcheln lassen.

Nun einen Teil der Kichererbsen mit einer Gabel oder einem Stabmixer pürieren. Zusammen mit den ganzen Kichererbsen in den Topf geben und mindestens 5 Minuten mit den Tomaten durchziehen lassen.

Eine großzügige Kelle Kochwasser der Kichererbsen (wenn es nicht zu dunkel ist) und ebenso viel warmes Wasser angießen, zum Kochen bringen und einige Minuten sprudelnd kochen lassen.

Nach Belieben noch mit *peperoncino* schärfer abschmecken. Die restliche Petersilie hacken und 1 gute Handvoll davon sowie den Rosmarinzweig und die abgeseihte Kochflüssigkeit der Muscheln zugeben.

Den Topf vom Herd nehmen, etwa 30 Minuten abkühlen lassen und in den Kühlschrank stellen.

Nach mindestens 2–3 Stunden den Eintopf wieder aufwärmen, noch etwas Wasser zugeben und den Petersilienstängel herausnehmen. Wenn die Suppe kocht, die *maltagliati* hineingeben und etwa 3 Minuten kochen lassen. Die Muscheln ein paar Sekunden vor Ende der Garzeit zugeben, aber danach nicht mehr kochen lassen, da sie sonst gummiartig würden.

Den Topf vom Herd nehmen. Zum Servieren in eine Suppenschüssel füllen, mit hochwertigem Olivenöl beträufeln und mit der restlichen gehackten Petersilie bestreuen.

Renatos Paccheri mit Klippfisch, Miesmuscheln und Pecorino

Paccheri a modo mio

Im ersten Schritt die Miesmuscheln sorgfältig reinigen: Unter fließendem Wasser abspülen und mit einer Messerklinge die Verkrustungen auf der Schale abkratzen. Dann, immer noch unter laufendem Wasser, mit Stahlwolle gründlich abbürsten, den Bart entfernen (die sogenannten Byssusfäden) und erneut abspülen. Um sie zu öffnen, in einer Pfanne aus Aluminium zunächst den zerdrückten Knoblauch in Olivenöl mit dem Petersilienstängel leicht anbraten. Dann, auf hoher Stufe, 1 Schuss Wein zugeben, die Muscheln in den Topf legen und bei geschlossenem Deckel einige Minuten unter häufigem Schwenken garen. Die geöffneten Muscheln herausnehmen, den Kochsud abseihen und alles zusammen beiseitestellen. (Vom Sud nichts wegschütten, es wird alles gebraucht. Sollte er zu salzig sein, mit etwas Wasser verdünnen.)

Die Schalotten putzen, in dünne Scheiben schneiden und in einer Pfanne mit reichlich Olivenöl auf niedriger Stufe anschwitzen. Etwas Wasser zugeben und sehr weich dünsten.

In der Zwischenzeit die *paccheri* in reichlich leicht gesalzenem Wasser *al dente* garen. Das Muschelfleisch aus den Schalen lösen. Zum Garnieren pro Portion einige Muscheln in der Schale lassen. Den entsalzenen *baccalà* in Streifen schneiden.

Die Schalotten mit dem restlichen Wein ablöschen und dann, wenn der Alkohol verdunstet ist, den *baccalà* darin anbraten. Dabei etwas vom beiseitegestellten Sud der Muscheln und den Thymian zugeben und alles ein paar Minuten köcheln lassen.

Einige Muscheln nicht zu klein schneiden (aber pro Portion mindestens 4 Muscheln ganz lassen) und mit etwas von ihrem Kochsud in die Pfanne geben, sodass sie einige Minuten darin durchziehen können. Der Pfanneninhalt soll sehr feucht bleiben.

Die Hälfte von Zitronenabrieb und gehackter Petersilie unterrühren und dann den *peperoncino* dazugeben.

Zutaten für 4 Personen

600 g Miesmuscheln
1 Knoblauchzehe, zerdrückt
natives Olivenöl extra
1 Stängel Petersilie
1 kleines Bund Petersilie, gehackt
1 Glas trockener Weißwein
4 kleine Schalotten
420 g *paccheri*
Salz
250 g entsalzener *baccalà* (Klippfisch)
4 Zweige frischer Thymian
Abrieb von 2 Bio-Zitronen
peperoncino
80 g frisch geriebener Pecorino Romano

Die gegarten *paccheri* abgießen und sorgfältig mit dem Mix feinster Aromen in der Pfanne vermengen. Noch etwas vom Muschelsud zugeben und schließlich die restliche Petersilie einrühren. Alles sorgfältig vermengen und dabei einen Teil vom geriebenen Pecorino einstreuen, sodass eine schön cremige Sauce entsteht.

Auf Teller verteilen, mit etwas Olivenöl beträufeln, mit der restlichen Zitronenschale sowie dem übrigen Pecorino bestreuen, die ganzen Miesmuscheln darauflegen und servieren.

Pasta, Brokkoli und Rochen

Pasta, broccoli e arzilla

In einem Topf wird eine Fischbrühe aus dem Rochen zubereitet, in einem zweiten eine Sauce aus Tomaten und Brokkoli.

Die Rochenteile in eine Pfanne oder einen Schmortopf mit hohem Rand in 2 l kaltes Wasser legen. Sellerie, Karotte und Zwiebel putzen und mit den Lorbeerblättern und etwas Salz dazugeben. Die Gewürznelken in das Rochenfleisch stecken und sobald die Flüssigkeit aufkocht, auf mittlerer Stufe etwa 20 Minuten köcheln lassen.

In der Zwischenzeit für die Sauce den Knoblauch in Scheiben schneiden und in dem zweiten Topf mit etwas Olivenöl leicht anbraten. Den Topf vom Herd nehmen, *peperoncino* und Sardellenfilet hineingeben und dieses schmelzen lassen.

Den Topf wieder auf den Herd stellen, die Tomaten von Hand zerdrücken und etwas vom Kochwasser des Rochens hinzufügen. Etwa 5 Minuten köcheln lassen.

Die Romanescospitzen von den Stielen ablösen. Die Spitzen in zwei oder drei Teile schneiden. Abspülen und in den Topf mit der Tomatensauce geben. Wenn die Sauce wieder aufkocht, den Deckel auflegen, aber nicht ganz verschließen, und weitere 15 Minuten garen. Die Sauce sollte nicht trocken werden.

In der Zwischenzeit von der Fischbrühe den aufsteigenden Schaum abschöpfen. Wenn das Fischfleisch innen komplett weiß ist, kann man es mit einem Schaumlöffel herausheben und zum Abkühlen beiseitelegen. Wenn es kalt ist, die knorpeligen Teile vom Fischfleisch lösen und diese zurück in den Topf mit der Brühe geben und nochmals 10 Minuten köcheln lassen. Anschließend die gesamte Brühe mit leichtem Druck durch ein Passiersieb streichen, sodass sich ein klarer, geschmacklich intensiver Fond ergibt, der reich an Kollagen ist. Mittlerweile wird der Romanesco bissfest gegart sein.

Zutaten für 4 Personen

120 g *maltagliati* (aus Eiernudelteig)

Für die Brühe:

300 g Rochen (1 Flügel plus Schwanz und Mittelteil des ausgenommenen Körpers)
½ Stange Staudensellerie
½ Karotte
½ gelbe Zwiebel
2 getrocknete Lorbeerblätter
Salz
2 Gewürznelken

Für die Sauce:

2 Knoblauchzehen
natives Olivenöl extra
frische *peperoncino*-Schote
1 Sardellenfilet in Öl
200 g geschälte Tomaten (aus der Dose)
1 Kopf Romanesco-Brokkoli, etwa 600–800 g (der mit den hellen Spitzen)
Salz
frischer oder getrockneter Oregano
80 g Pecorino Romano
1 kleines Bund frische glatte Petersilie, gehackt

Das Rochenfleisch in den Topf mit der Sauce geben und alles auf hoher Stufe etwa 3 Minuten gut erhitzen. Mit Salz abschmecken, die frischen Oreganoblättchen abzupfen und unterrühren. Nach Geschmack mit *peperoncino* abschmecken.

Den zuvor abgeseihten und beiseitegestellten Sud zugießen und nochmals 3 Minuten auf mittlerer Stufe köcheln lassen, damit sich alles richtig verbindet. Dann vom Herd nehmen und mehrere Stunden ruhen lassen.

Vor dem Servieren den Topf wieder auf den Herd stellen und erhitzen. Wenn der Inhalt kocht, die *maltagliati* sowie etwas Pecorino und ein wenig gehackte Petersilie dazugeben. Köcheln lassen, bis die Nudeln *al dente* sind.

Auf Tonschüsseln verteilen und nochmals Petersilie, Olivenöl und etwas Pecorino Romano daraufgeben.

(aber nicht übertreiben ...!)

Sepien in Tomate mit Erbsen

Seppie in umido con piselli

Die Zwiebel, die Hälfte der Petersilie und die beiden Knoblauchzehen fein hacken und mit etwas Olivenöl in eine Pfanne geben. Eine kleine Kelle warmes Wasser zugießen und alles auf niedriger Stufe andünsten. Währenddessen die Sepien abspülen, die Fangarme abschneiden und den Rest in Streifen schneiden.

Zuerst die Fangarme zum gedünsteten Würzgemüse in die Pfanne geben und nach etwa 15 Minuten auch die Streifen. Die ganze Zeit auf niedriger Stufe köcheln lassen.

Wenn die aus den Sepien austretende Flüssigkeit eingekocht ist, die Stücke noch ein paar Minuten braten. Mit Weißwein ablöschen und den Alkohol verdunsten lassen, dann die geschälten Tomaten und sofort danach die Erbsen mit einer weiteren kleinen Kelle Wasser zugeben und alles mit Salz und *peperoncino* würzen. Etwa 30 Minuten mit leicht geöffnetem Deckel auf niedriger Stufe köcheln lassen, dann können sie serviert werden. Dazu mit der restlichen Petersilie bestreuen, mit Salz und *peperoncino* abschmecken und zum Schluss mit Olivenöl beträufeln.

Zutaten für 4 Personen

1 gelbe Zwiebel
4 EL gehackte Petersilie
2 Knoblauchzehen
natives Olivenöl extra
1 kg Sepien, sorgfältig geputzt
1 Glas trockener Weißwein
500 g geschälte Tomaten (aus der Dose)
500 g Erbsen (frisch gepalt oder TK)
Salz
peperoncino

Geschmorter Klippfisch

Baccalà in guazzetto

Den geputzten und sorgfältig von sämtlichen Gräten befreiten *baccalà* mit einer Mischung aus Olivenöl und Thymian schön einreiben und dann einige Stunden im Kühlschrank gut abgedeckt durchziehen lassen.

Die Zwiebeln in feine Ringe schneiden und mit etwas Olivenöl, dem *peperoncino*, den gehackten Basilikumblättern, dem Knoblauch und dem Petersilienstängel leicht anbraten. Das *soffritto* eine Weile ziehen lassen, anschließend mit dem Wein ablöschen. Den Alkohol verdunsten lassen, dann Tomaten zerdrücken und mit dem Oregano und 1 Prise Salz (aber wirklich nur 1 Prise und nicht mehr!) aufkochen lassen. Eine großzügige Kelle Wasser angießen und das Ganze auf niedriger Stufe 30 Minuten köcheln lassen. Die Sauce sollte am Ende nicht zu stark eingekocht sein. Nun die *baccalà*-Stücke mit der Hautseite nach unten in die Pfanne legen. Mit einem Deckel fest verschließen und etwa 15 Minuten garen. Zwischendurch ab und zu schauen, dass die Filets nicht am Pfannenboden anbacken, und das Fischfleisch mit der Sauce benetzen. In der Zwischenzeit die Pinienkerne im Backofen oder in einer beschichteten Pfanne rösten und die Sultaninen etwa 10 Minuten in Wasser einweichen.

Wenn der Klippfisch fertig ist, die Pinienkerne und die abgegossenen Sultaninen dazugeben und alles bei geschlossenem Deckel und ausgeschaltetem Herd einige Minuten durchziehen lassen.

Den Fisch mit der Sauce auf Teller verteilen – sie sollte schön flüssig sein, sonst passt es nicht zur Vorstellung eines *guazzetto*. Mit etwas feinem Olivenöl beträufelt und einem schönen Basilikumblatt garniert servieren.

Zutaten für 4 Personen

800 g entsalzener baccalà (Klippfisch), in 4 Stücke geteilt

Tipp: Es lohnt sich, nach dem mittleren Filetstück zu fragen.

natives Olivenöl extra

Thymian und Oregano, am besten beides frisch

2 große gelbe Zwiebeln

peperoncino

1 Stängel frisches Basilikum, Blätter abgezupft und gehackt, plus 4 schöne Blätter zum Garnieren

1 Knoblauchzehe, zerdrückt und gehackt

1 Stängel frische glatte Petersilie

knapp 1 Glas trockener Weißwein

1,2 kg geschälte Tomaten (aus der Dose)

Salz

20 Pinienkerne

20 Sultaninen

DER HÜHNERSTALL

Il pollaio

Es gibt kein Gericht, das ohne Zeit und Sorgfalt zubereitet werden kann. Einige Rezepte sind zwar schneller gekocht als andere, erfordern aber dennoch große Aufmerksamkeit. Bei anderen hingegen ist es die Geduld, die über das Gelingen entscheidet. Und so scheinen einige einfach zu sein, sind es aber eigentlich nicht. Beim Lesen von Aldos Buch wird oft deutlich, welch hohen Stellenwert Aspekte wie Zeit, Geduld und Aufmerksamkeit bei der Auswahl und Zubereitung der Zutaten für seine Mutter einnahmen und wie wichtig ihr die Sorgfalt war, die die wahre Liebe zum Kochen zum Ausdruck bringt. All dies waren für sie Elemente, die sie vehement einforderte und verteidigte.

»Si se va de prescia nun se ordina un *pollo alla diavola*, perché pe' cocelo bene ce vò tempo. Wenn man es eilig hat, bestellt man kein pollo alla diavola, denn es braucht Zeit, um es gut zuzubereiten.« So sah Sora Lella das, und sie scheute sich auch nicht, ihren Gästen in aller Ausführlichkeit – und natürlich im römischen Dialekt – zu erläutern, welche Schritte notwendig sind, bevor ihr *pollo alla diavola* auf den Tisch gebracht wird, und warum man dieses Gericht eben nicht bestellt, wenn man es eilig hat, oder man sich zumindest dann nicht beschweren darf.

In ihren Ausführungen bringt sie zugleich auch ihre ganze volksnahe, liebevolle und körperliche Verbundenheit zum Kochen zum Ausdruck, macht aber auch bewusst, dass alles, was man zubereitet, besondere Eigenschaften und besondere Anforderungen mit sich bringt: Liebe und Können. In *nonna* Lellas Küche sind »die Bewohner des Hühnerstalls«, also Hühner, Hennen, Hähne, geliebte und vertraute Zutaten.

Im alten Rom galt das Huhn als wahrhaft göttlich: Es wurde aufgezogen, um als Nahrung zu dienen, aber auch für Kämpfe in den Arenen, und es spielte auch eine Rolle bei religiösen Ritualen und Wahrsagereien. Um zu wissen, wie ein großer Kampf enden würde, gaben Priester den Hühnern Futter: Fraßen diese gierig, war der Sieg sicher – das Gegenteil war ein schlechtes Vorzeichen.

Hähnchen war immer schon Bestandteil traditioneller Gerichte, sowohl der einfachen als auch der wohlhabenden Bevölkerung, wie im Fall des *pollo alla diavola*, das im Ganzen gegart wird, einfach nur in der Mitte aufgeschnitten und flach gedrückt. Gewürzt wird es mit Paprikapulver, Pfeffer und der unverzichtbaren *salsa di alici*. Aber auch *pollo alla Romana con i peperoni*, das bis heute bei kaum einem *ferragosto*-Festmahl fehlt, oder die legendären *supplì*, ein ikonisches Gericht der römischen Küche, das in der Trattoria, früher von Sora Lella, heute von Renato, mit *regaje di pollo* (Hühnerklein) zubereitet wird.

Aber der Hühnerstall stand auch für Eier und somit *frittata*, ein einfaches und althergebrachtes Gericht, das sich auf tausendundeine Art zubereiten lässt, je nachdem, was man zugibt. Kochfleisch, Gemüse, *sugo all'amatriciana*.

Darüber hinaus spielen Eier auch eine zentrale Rolle bei den Süßspeisen, die die Dessertkarte der Trattoria bereichert haben (insbesondere von Eiscremes, seit jeher Renatos große Leidenschaft). Angefangen mit der *crema gelato*, die Renato schon als Kind aus der Vitrine am Eingang des Restaurants stibitzte und in einem Versteck verschlang: Eine Delikatesse, die mit Eiern *glücklicher*, freilebender Hühner zubereitet wird. Ein glückliches Leben, das sich auch im Geschmack des *zabajone Amleto* widerspiegelt, eine Hommage von Renato an seinen Vater, der *zabaglione* liebte. (Aldo Trabalza war auf der Tiberinsel und auch darüber hinaus bei allen als Amleto bekannt.) Eier sind Grundbestandteil der Konditorcreme in der *zuppa inglese*, genau wie sie unverzichtbar sind in der allseits beliebten *carbonara*.

Reisbällchen mit Hähnchenfleisch

Supplì con le regaje de pollo

In einem Topf den Reis mit der gehackten Zwiebel, gemahlenem Lorbeer sowie den Lorbeerblättern, etwas Olivenöl und Butter auf niedriger Stufe andünsten. Dabei so lange mit einem Holzlöffel umrühren, bis die Butter geschmolzen ist (sie darf nicht anrösten), dann mit dem Wein ablöschen. Wenn der Alkohol verdunstet ist, eine großzügige Kelle warmes Wasser zugeben, sodass der Reis bedeckt ist. Unter ständigem Rühren auf mittlerer Stufe köcheln lassen. Nach einigen Minuten den im Voraus zubereiteten und aufgewärmten *sugo di regaje* zugeben (den von den *fettuccine alla Tiberina*, Seite 138, allerdings hier ohne Pilze). Etwa 6 Minuten köcheln lassen. Die Sauce soll schön eindicken, damit sich alles verbindet und die Aromen gut durchziehen. Dann den Herd ausschalten und die Sauce einige Minuten unter Rühren abkühlen lassen. Anschließend das Ei und den Parmesankäse zugeben und mit dem Reis vermengen. Nun den Reis in einer Backform verteilen, in den Kühlschrank stellen und etwa 1 Stunde gut kalt werden lassen.

In der Zwischenzeit den Mozzarella in etwas längliche Stücke schneiden, etwa 12 g pro Stück. In einer leicht mit Öl eingefetteten Handfläche aus etwa 80 g kaltem Reis eine Kugel formen, mit dem Daumen ein Loch hineindrücken und ein Stück vom Käse hineinstecken. Den übrigen Reis auf dieselbe Weise verarbeiten und die fertigen Kugeln erneut für 20 Minuten in den Kühlschrank stellen, damit die *supplì* schön fest werden.

Für die Panade das Ei in einer Schale verquirlen und die Semmelbrösel in einen tiefen Teller streuen. Die *supplì* aus dem Kühlschrank nehmen, zuerst durch das verquirlte Ei ziehen und dann in den Semmelbröseln wenden. Das Öl in einem Topf erhitzen (inzwischen ist bekannt, wie man prüft, ob das Öl die richtige Temperatur hat, nicht wahr? Ansonsten … siehe Seite 48). Ein paar *supplì* im Öl goldgelb frittieren. Dann mit einem Schaumlöffel herausheben, auf eine mit Küchenpapier ausgelegte Platte legen und mit den übrigen *supplì* ebenso verfahren.

In einer mit saugfähigem Papier ausgelegten Form anrichten.

Zutaten für 8 Bällchen

200 g Risottoreis (Sorte »Arborio«)
½ kleine Zwiebel, fein gehackt
gemahlener Lorbeer
einige getrocknete Lorbeerblätter
natives Olivenöl extra
1 walnussgroßes Stück Butter
¼ l trockener Weißwein
200 g sugo mit Hühnerklein (Innereien) (siehe Rezept Seite 138)
1 Bio-Ei
50 g Parmigiano Reggiano
100 g Mozzarella (aus Kuhmilch)
Salz

Für die Panade:

1 Bio-Ei
80 g Semmelbrösel
1 l Sonnenblumen- oder Erdnussöl

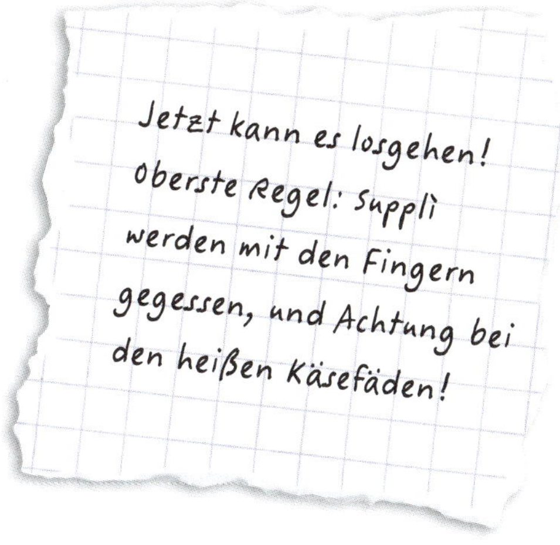

Hähnchen nach Teufelsart

Pollo alla diavola

Zutaten für 4 Personen

1 Hähnchen (etwa 1,5 kg), möglichst Bio-Qualität, ausgenommen, ohne Kopf, Hals und Füße
Paprikapulver
schwarzer Pfeffer aus der Mühle
1 TL *salsa delle puntarelle*
(siehe Seite 49)
peperoncino
Zeste und Saft von 1 mittelgroßen Bio-Zitrone, plus ein paar Zitronenscheiben zum Garnieren
natives Olivenöl extra
4 Knoblauchzehen, mit der Schale zerdrückt
getrocknete Lorbeerblätter
frischer Salbei
Salz
½ Glas trockener Weißwein
1 Msp. Mehl, alternativ Mais- oder Reisstärke

Das Hähnchen abflammen, um eventuelle Reste von Federn zu entfernen. Den Bürzel und die Spitzen der Flügel abtrennen und wegwerfen. Das Hähnchen mit einem Schnitt durch die Brust öffnen, mit der Innenseite auf Backpapier legen und so auf einer stabilen Arbeitsfläche platzieren.

Mit einem Fleischklopfer kräftig auf die Oberseite schlagen, sodass Beine und Brust etwa die gleiche Höhe haben, damit sie gleichmäßig garen. Die Haut mit Paprikapulver, Pfeffer und der Sardellensauce kräftig einreiben. Dann umdrehen und die Innenseite ebenfalls so bearbeiten, zusätzlich aber noch mit *peperoncino* und der Hälfte des Zitronensaftes würzen. Einige Minuten durchziehen lassen.

In einer großen Pfanne, beschichtet oder aus Eisen, Olivenöl mit der Zitronenschale erhitzen, diese setzt dabei ihr ätherisches Öl frei.

Wenn das Öl schön heiß geworden ist, das flach gedrückte Hähnchen mit der Hautseite nach unten hineinlegen und mit einem Gewicht beschweren (man kann dafür einen mit Wasser gefüllten Topf nehmen oder, wie *nonna* es machte, einen Deckel mit zwei großen Dosen geschälten Tomaten darauf).

Die Temperatur reduzieren; sie sollte während der ganzen Garzeit auf niedrigster Stufe stehen.

Nach 5 Minuten die in der Schale zerdrückten Knoblauchzehen, ein paar getrocknete Lorbeerblätter, Salbei und Salz zugeben. Wieder 5 Minuten braten, dann das Hähnchen umdrehen und salzen. Das Gewicht wieder auflegen und erneut 10 Minuten rösten.

Wenn das Hähnchen kräftig angebraten ist, mit dem Weißwein ablöschen und das Ganze immer noch auf sehr niedriger Stufe etwa 30 Minuten weitergaren. Dabei das Hähnchen ab und zu umdrehen, das Gewicht aber immer wieder daraufstellen.

Wenn das Fleisch gar und goldgelb gebraten ist, mit dem restlichen Zitronensaft beträufeln und auf ein Schneidebrett legen.

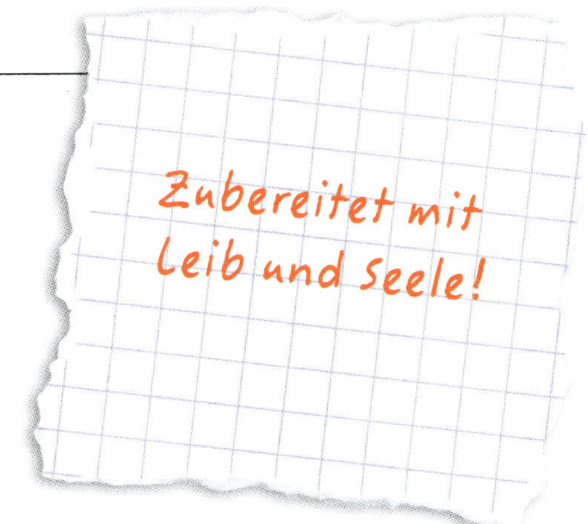

Den Bratensatz mit etwas Wasser lösen und mit dem Mehl zu einer leicht sämigen Sauce binden. In der Zwischenzeit das Hähnchen in vier Teile zerlegen.

Auf Teller verteilen, die Sauce durch ein feines Sieb abseihen und darüberträufeln. Mit ein paar Scheiben Zitrone garniert servieren.

Die Geschichte eines Huhns (aus dem Buch von Aldo)

Mein Cousin Massimo, Sohn von zio Aldo, brachte eines Tages einen betagten Hahn ins Restaurant, ich glaube, mein Onkel hatte auch schon lange mit ihm »ein Hühnchen zu rupfen« gehabt. Das war ein großer Bursche, schon gerupft und ausgenommen, und als er ihn mir zeigte, meinte er: »Amlè, dieser Hahn ist schon alt. Abgesehen davon, dass er immer gemein war zu den Hennen im Hühnerstall, ist er sicher auch noch hart wie Stein. Jetzt ist er tot, aber wie wäre es, wenn du probierst, ihn zu kochen, und wir essen ihn dann.«

Dann fügte er noch hinzu: »Aber pass auf, es wird schwierig, ihn zu kochen, zäh wie er ist!«

Ich antwortete: »Mach dir mal keine Sorgen, komm einfach morgen zum Mittagessen vorbei.«

Die Herausforderung habe ich angenommen. Ich legte den Hahn in den Kühlschrank, dort, wo die Temperatur am kältesten ist, und machte mich am Tag darauf an die Arbeit.

Ich flammte ihn gut ab, um alle beim Rupfen übrig gebliebenen Federteile zu entfernen, spülte ihn gründlich unter fließendem Wasser ab und trocknete ihn sehr sorgfältig mit einem Tuch, denn sonst gelingt das Anbraten nicht. Ich stellte eine große Pfanne auf den Herd, gab etwas Olivenöl und eine großzügige Prise grobes Salz hinein, schnitt den Hahn in mehrere Teile, legte diese in die Pfanne, alle mit der Haut nach unten, und begann mit dem Anbraten. Als sie eine schöne goldgelbe Farbe angenommen hatten, wendete ich die Stücke einzeln, um sie von der anderen Seite ebenso anzubraten, und gab Salz und Pfeffer darüber. Als beide Seiten schön goldgelb angebraten waren, habe ich das überschüssige Fett abgegossen, das der Hahn aus seinem Fleisch abgegeben hatte. Dann gab ich die Würzzutaten und die Aromen zu: Sellerie, Karotte und Zwiebel, Salbei, Rosmarin, Lorbeerblätter, zerdrückte Gewürznelken, sehr fein zerkleinerten geräucherten guanciale*, zwei ganze Knoblauchzehen, einen halben Esslöffel Sardellensauce (die von den* puntarelle*). Anschließend habe ich alles auf mittlerer Flamme kochen lassen, bis Zwiebel, Sellerie und Karotte weich waren. Dann habe ich reichlich Weißwein zugegeben, ein Glas Apfelessig und einige Teelöffel Zucker.*

Nun kam der Deckel drauf und ich habe alles mindestens eine Dreiviertelstunde sehr langsam köcheln lassen. Das war ein Riesenvieh, mindestens sechs Kilo schwer. Ich dachte mir, wenn er bis jetzt nicht gar geworden ist, dann würde er gar nicht mehr garen.

Es war ein unerwarteter Erfolg, der Hahn zerging im Mund. Massimo lobte mich in höchsten Tönen und machte eine ordentliche Schlemmerei aus dem gemeinen Hahn. Am Tag darauf rief mich zio Aldo an und sagte:

»Aho, Massimo sagte mir, du hast diesen Hahn wunderbar zubereitet, er meint, es sei wie eine französische Delikatesse gewesen. Bravo, Glückwünsche!«

Kartoffelfrittata all'amatriciana

Frittata di patate all'amatriciana

Die Kartoffeln schälen, in grobe Stücke schneiden und in leicht gesalzenem Wasser garen. Abgießen und lauwarm abkühlen lassen. Die Kartoffeln dann mit einem Holzlöffel in einer Schüssel mit der *amatriciana*-Sauce verrühren. Die Eier in einer zweiten Schüssel mit dem Pecorino und dem Parmesan verquirlen, gründlich mit den Kartoffeln vermengen und einige Minuten ruhen lassen.

In der Zwischenzeit den Backofen auf 180 °C vorheizen. In einer sehr sauberen Eisenpfanne mit 20 cm Durchmesser und 4 cm hohem Rand etwas Olivenöl erhitzen. Die Pfanne dabei hin und her schwenken und so den ganzen Pfannenboden einfetten.

Wenn das Öl sehr heiß ist (aber bevor es anfängt zu rauchen!) den *frittata*-Teig in die Pfanne gießen. Auf mittlerer Stufe 2 Minuten stocken lassen und dann im Ofen etwa 15 Minuten fertig backen.

Mit einem Finger mit leichtem Druck in die Mitte der *frittata* drücken: Fühlt es sich gerade fest, aber doch noch weich an, ist sie fertig! Mit einem Messer die *frittata* vom Pfannenrand lösen, leicht abkühlen lassen und dann auf einen Teller stürzen. In Stücke schneiden und mit frisch geriebenem Pecorino garniert servieren. Und ganz nach Belieben natürlich auch mit mehr *amatriciana*-Sauce.

Zutaten für 4 Personen

300 g vorwiegend festkochende Kartoffeln (am besten eine Sorte mit roter Schale)
Salz
250 g sugo amatriciana
(siehe Rezept seite 121)
4 Bio-Eier
25 g frisch geriebener Pecorino Romano, plus mehr zum Servieren
25 g frisch geriebener Parmigiano Reggiano
natives Olivenöl extra

Hähnchen nach römischer Art mit Paprikaschoten

Pollo alla romana con i peperoni

Zutaten für 4 Personen

2 Freilandhähnchen à 1,5 kg
natives Olivenöl extra
4 Knoblauchzehen, zerdrückt und gehackt
4 getrocknete Lorbeerblätter
1 Sardellenfilet in Öl
Salz
Pfeffer aus der Mühle
peperoncino
Paprikapulver edelsüß
gut ½ Glas trockener Weißwein
1 kg geschälte Tomaten (aus der Dose)
frischer Majoran (ersatzweise getrockneter)
4 große rote und gelbe Paprikaschoten

Die Hähnchen abflammen, um Federreste zu entfernen, und die Haut mit einem feuchten Tuch abreiben.

Die Hähnchen an der Brustseite aufschneiden und sorgfältig von den Innereien befreien. Mit der Hautseite nach unten in eine große Pfanne legen, Olivenöl dazugeben und auf mittlerer Stufe erhitzen.

Unter gelegentlichem Wenden die Hähnchen anbraten. Das dabei ausgelassene Fett kann nach Belieben entfernt werden.

Die Knoblauchzehen mit den Lorbeerblättern dazugeben. Wenn alles gut gebräunt ist, die Pfanne vom Herd nehmen und das Sardellenfilet im warmen Öl schmelzen lassen. Sorgfältig unterrühren, dann Salz, Pfeffer, *peperoncino* und Paprikapulver zugeben und das Ganze kurz durchziehen lassen. Mit dem Wein ablöschen und auf mittlerer Stufe verdunsten lassen. Die Tomaten zerdrücken und mit dem Majoran (davon nach Belieben reichlich) zugeben, einige Gläser Wasser angießen, gründlich verrühren und bei leicht geöffnetem Deckel auf mittlerer Stufe köcheln lassen. Ab diesem Zeitpunkt dauert es noch etwa 40 Minuten, bis das Fleisch gar ist.

In der Zwischenzeit die Paprikaschoten putzen, den Blütenansatz, die Samen und die Scheidewände entfernen. In beliebig große Stücke schneiden und etwa 25 Minuten vor Ende der Garzeit zum Fleisch geben. Mit Salz, Pfeffer und *peperoncino* abschmecken.

Ende der 60er-Jahre hatte nonna einen Hilfskoch in der Küche, der unglaublich leckere involtini (Rouladen) zubereitete. Er hieß Domenico. Papà war begeistert von Domenicos involtini und konnte sich nicht erklären, warum seine nicht genauso gut gelangen. Also wollte er hinter das Geheimnis dieses Gaumenschmauses kommen. Der Koch verriet es ihm: Er trug in seiner Hosentasche immer eine Packung mit getrocknetem Majoran bei sich, den er beim Kochen verwendete; ein Gewürz, das damals alles andere als gängig war. Für papà war es geradezu eine Offenbarung. Seit damals ist Majoran bei uns fester Bestandteil von involtini, Kutteln und Huhn mit Paprika. Für mich ist es das aromatischste und rundeste Gewürzkraut überhaupt.

← Das Geheimnis von Majoran

Zuppa Inglese

Zuppa inglese

Zutaten für 4 Personen

Für die Konditorcreme:

250 g frische Vollmilch
60 g Sahne
75 g Zucker
1 TL Vanillemark
Zitronenabrieb
1 Blatt Gelatine, eingeweicht
90 g Bio-Eigelb (von 5 Bio-Eiern)
12 g Maisstärke
12 g Reisstärke

Für die Ganache:

140 g Kakaopulver (möglichst nicht alkalisiert)
160 g Zucker

Für das pan di spagna (Biskuitteig):

4 4 zimmerwarme Bio-Eier
80 g Zucker
95 g Maisstärke
25 g Reisstärke

In einem kleinen Topf die Milch mit der Sahne, der Hälfte des Zuckers, der Vanille, etwas Zitronenabrieb und der eingeweichten Gelatine erwärmen. In der Zwischenzeit in einer Edelstahlschüssel mit der Hand oder dem elektrischen Handrührgerät das Eigelb mit dem restlichen Zucker und den beiden Stärkesorten verquirlen. Die verquirlte Eiermasse in den Topf zu den anderen Zutaten gießen und sorgfältig unterziehen. Die Mischung unter ständigem Rühren zum Kochen bringen und den Topf dann sofort vom Herd nehmen. In einen Edelstahlbehälter umfüllen und mit Frischhaltefolie in direktem Kontakt abdecken, damit sich auf der Oberfläche keine Haut bilden kann. Mindestens 5 Stunden im Kühlschrank erkalten lassen.

In einer Schüssel das Kakaopulver mit dem Zucker mischen. 200 ml Wasser zum Kochen bringen und über die Mischung gießen. Mit einem Holzlöffel kräftig verrühren, besser geht es mit einem Stabmixer. Frischhaltefolie in direktem Kontakt auflegen und in einem geschlossenen Behälter in den Kühlschrank stellen.

Den Backofen auf 170 °C vorheizen. Die Eier mit dem Zucker in einer Edelstahlschüssel mit dem Handrührgerät schaumig aufschlagen. Die beiden Stärkesorten sieben und dann in mindestens drei einzelnen Portionen unter die Eiermasse ziehen.

Eine runde Backform mit 25 cm Durchmesser und einem 7 cm hohen Rand mit angefeuchtetem Backpapier auskleiden, die Eier-Stärke-Masse hineingeben und 20 Minuten im Ofen backen. Die Form herausnehmen, den Kuchen auf einen Rost stürzen und ruhen lassen.

WICHTIG!

Das *pan di Spagna* sollte 1 Tag im Voraus zubereitet werden, so kann der Biskuitteig über Nacht bei Zimmertemperatur ruhen, damit er beim Durchschneiden nicht bricht.

Vor dem Zusammenstellen des Desserts die Kakaocreme vorbereiten. Dafür Ganache und Konditorcreme vermischen und in einen Spritzbeutel mit Lochtülle füllen.

Nun auf den Boden von vier runden und durchsichtigen Gläsern jeweils eine auf Maß geschnittene Scheibe Biskuit legen und diese mit Alchermes durchtränken (das geht gut mit einer Spritzflasche aus dem Konditoreibedarf). Anschließend mit dem Spritzbeutel die erste Lage Kakaocreme auftragen, darauf eine zweite getränkte Biskuitscheibe legen, wieder eine Schicht Creme und das Ganze wiederholen. Auf die letzte Schicht Creme wird Bitterschokolade gehobelt.

Mit einem Klecks Schlagsahne garniert servieren.

Für die Fertigstellung:

Konditorcreme
Schokoladen-Ganache
Pan di Spagna
80 g Alchermes-Likör

Besonders gut ist der von Santa Maria Novella aus Florenz

Zartbitterschokolade (70 % Kakaogehalt), in Späne gehobelt
Schlagsahne, leicht gezuckert

Zabaglione-Eis »Amleto«

Gelato allo zabajone Amleto

Alle trockenen Zutaten (Zucker, Johannisbrotkernmehl, Salz) mit einem Stabmixer mischen. Die Milch, die Sahne, das verquirlte Eigelb, den Marsala und den Moscato in einen kleinen Topf geben. Die pulvrigen Zutaten hinzufügen und alles unter ständigem Rühren mit einem Schneebesen auf niedriger Stufe auf 75 °C erhitzen. Sobald sich am Rand des Topfinhalts die ersten Bläschen zeigen, den Topf vom Herd nehmen und mit dem Schneebesen weiter rühren.

Die Masse etwa 10 Minuten bei Zimmertemperatur ruhen lassen, dann in den Kühlschrank stellen und vollständig erkalten lassen. Anschließend in der Eismaschine zu Eis verarbeiten.

Zum Servieren mit zerbröselten *amaretti alla romana* garnieren (siehe Rezept nächste Seite).

Zutaten für 4 Personen

70 g Zucker
1 g Johannisbrotkernmehl (im Internet oder in Bioläden erhältlich)
1 Prise Salz
185 ml frische Vollmilch
85 g Schlagsahne
100 g Bio-Eigelb (etwa 6 Stück), verquirlt
50 g halbtrockener Marsala superiore
15 g Moscato (oder Zibibbo)

Eismaschine

Diese Eissorte ist unserem Vater gewidmet. Er liebte zabaglione, egal in welcher Form und nach welchem Rezept, und so steht es als zabajone »Amleto« auf der Speisekarte.

Für die amaretti alla romana:

40 g Bio-Eiweiß (von 1 großen Bio-Ei)
80 g weißer Zucker
etwas Zitronensaft
40 g Mandelkerne, grob gehackt
10 g Bittermandeln, grob gehackt

Die Eiweiße in eine Schüssel geben. Es darf kein Eigelb dabei sein und sie sollten Zimmertemperatur haben, damit sie sich gut steif schlagen lassen. Den Zucker zugeben und mit einem elektrischen Handrührgerät oder mit einer Küchenmaschine zu Eischnee schlagen. Währenddessen 3–4 Tropfen Zitronensaft einträufeln lassen.

Wenn die richtige Konsistenz (also sehr fester Eischnee) erreicht ist, die Mandeln sehr behutsam mit einem Teigspatel unterheben, damit der Eischnee nicht zusammenfällt.

Aus der Masse mit einem Esslöffel kleine Häufchen machen und auf ein mit Backpapier ausgelegtes Backblech setzen. In den auf 100 °C vorgeheizten Backofen (ohne Umluft) schieben und gut trocknen lassen (das dauert etwa 4 Stunden). Einen zum Testen herausnehmen: Wenn das Baiser knusprig und zart schmeckt, aber noch weiß ist, dann sind sie fertig!

Renatos Eiscreme

La crema gelato di Renato

In einer kleinen Edelstahl-Kasserolle mit einem Schneebesen das Eigelb mit der Kondensmilch, dem Zucker, dem Vanillemark, etwas Zitronenabrieb und dem Salz verquirlen. In einem zweiten kleinen Topf in der Zwischenzeit die Vollmilch und die Sahne erhitzen. Die heiße – aber auf keinen Fall kochende – Flüssigkeit in die Kasserolle geben und mit einem Stabmixer sorgfältig verrühren. Dann alles auf 75 °C erhitzen (den Punkt, an dem sich am Rand die ersten Bläschen zeigen) und den Topf vom Herd nehmen.

15 Minuten abkühlen lassen, dann in den Kühlschrank stellen und vollständig erkalten lassen. Die Masse herausnehmen und erneut 30 Sekunden mixen, dann in die Eismaschine geben. Wenn die richtige Konsistenz erreicht ist, kann das Eis serviert werden.

Zutaten für 4 Personen

100 g Bio-Eigelb (von 6 Bio-Eiern)
25 g Kondensmilch
75 g Zucker
1 Löffelspitze Vanillemark
Zum Ausschaben der Vanillestange die Schote flach hinlegen, längs in der Mitte durch die flache Seite aufschneiden und mit einem kleinen Messer das Mark herausschaben.
Zitronenabrieb
1 Prise Salz
200 ml frische Vollmilch
100 ml Schlagsahne

Eismaschine

Für die Zubereitung von Speisen mit Ei eignen sich am besten Töpfe aus Edelstahl oder noch besser aus Kupfer. In Aluminium dagegen wird die Eimasse leicht dunkel. Renatos crema gelato ist etwas Besonderes, das man nicht überall bekommt: gehaltvoll, intensiv, reich an Ei – Hausmannskost vom Feinsten …

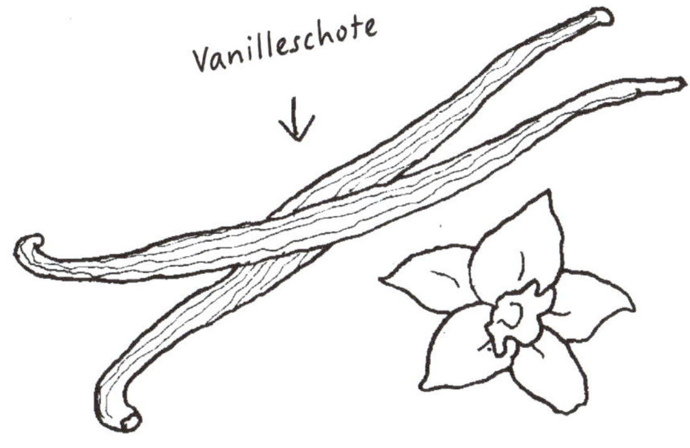

SÜSSSPEISEN

I Dolci

Süßspeisen sind Ausdruck von Genuss und Freude über das Sattwerden hinaus, und vielleicht ist genau dies der Grund, warum es in der römischen Küche, die seit jeher durch den Einfluss der Kirche geprägt ist, keine große Tradition an Süßspeisen gibt. Süße Leckereien entstanden meist aus überlieferten einfachen Gerichten des Volkes, mit Zutaten, die in der Regel leicht verfügbar waren, wie Schafsmilch-Ricotta aus der Umgebung der Hauptstadt und Obst, insbesondere Kirschen und Erdbeeren.

Das Fehlen historischer Wurzeln heißt jedoch keineswegs, dass es heute keine römische, auch im Ausland beliebte *dolci*-Tradition gäbe, die sich insbesondere durch die Verwendung

hochwertiger Grundzutaten auszeichnet. So auch in Renatos Küche der Trattoria *Sora Lella*. Angefangen bei den *maritozzi*. Diese Süßspeise entstand im alten Rom aus einem Brotteig, dem Honig und Rosinen beigemischt wurden. Im Mittelalter waren sie die einzige Ausnahme während der alljährlichen Fastenzeit vor Ostern. Später wurde daraus ein Liebespfand, das Verliebte ihren zukünftigen Bräuten überreichten. Heute dagegen ist es das Symbol römischer Konditorkunst schlechthin, auch wenn *maritozzi* selten auf Speisekarten von Restaurants oder Trattorien auftauchen. Die Zubereitung dieser Süßspeise, die einen festen Platz in der kulinarischen Fantasie aller Römer hat und jedem das Wasser im Munde zusammenlaufen lässt, ist gehaltvoll und komplex. Und Renato kümmert sich um jeden einzelnen Schritt, von der Herstellung des Vorteigs, der *biga*, über den eigentlichen Teig bis zur Füllung.

Zu den süßen Genüssen der Mahlzeiten in der Trattoria gehört auch die leckere *salame di cioccolato*, eine dem Kalten Hund sehr ähnliche Schoko-Keks-Leckerei, die Renato vor gut 20 Jahren auf die Karte setzte – als geschmackliche Erinnerung an seine Kindheit, in der Anna, eine Nachbarin, den Geschwistern diese besondere »Salami« zubereitete. Heute wird sie mit dem Aroma von Kaffeelikör auf moderne Art neu interpretiert. Die *torta di ricotta e visciole* dagegen, Ricotta-Kirsch-Kuchen, ist eine Süßspeise jüdischen Ursprungs, die der Überlieferung nach im 18. Jahrhundert von Bäckern aus dem römischen Getto kreiert worden war, nachdem ein päpstliches Edikt es den Juden untersagte, Milchprodukte an Christen zu verkaufen. Und so machte man sich daran, Süßspeisen zuzubereiten, die von einer Lage Mürbeteig bedeckt waren, sodass die päpstlichen Wachen nicht sehen konnten, was sich darunter verbarg. Renatos Leidenschaft für Eis und die grenzenlose Zuneigung zu *nonna* Lella haben aus diesem klassischen Kuchen eine Eis-Variation gezaubert. Und es ist nicht die einzige, die je nach Jahreszeit in der Trattoria zubereitet wird: Das Sorbet aus Erdbeeren der Sorte »Favetta« aus Terracina, frisch, aromatisch und farbintensiv, bringt die Verbundenheit der Trattoria mit der Umgebung und dem kulinarischen Gedächtnis dieser Stadt bestens zum Ausdruck.

Maritozzi

Maritozzi

Für den Vorteig die zimmerwarme Milch in die Rührschüssel der Küchenmaschine geben, dann die Hefe einstreuen und mit einem Esslöffel verrühren. Das Mehl dazugeben und 4 Minuten mit dem Knethaken bei mittlerer Geschwindigkeit einarbeiten. Die Masse in eine Schüssel umfüllen, mit Frischhaltefolie abdecken und beiseitestellen.

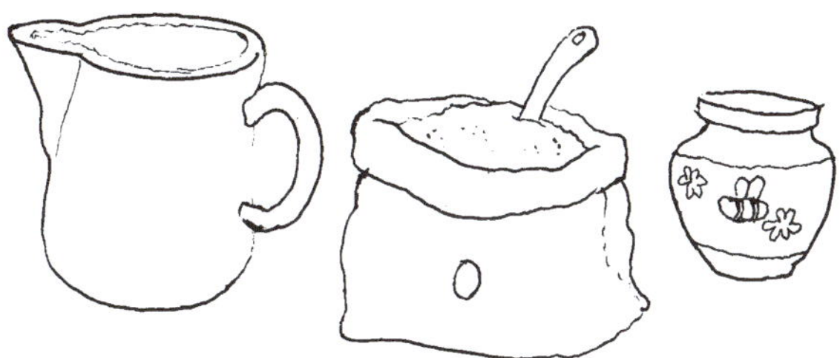

Nun für den Teig in der zuvor bereits benutzten Rührschüssel der Küchenmaschine die Milch, das Mehl, den Zucker, den Honig, das Eigelb und die Aprikosenkonfitüre mit dem Knethaken bei mittlerer Geschwindigkeit verrühren und nach 1 Minute den vorbereiteten Vorteig zugeben. Alles zusammen 7 Minuten verkneten, dann Salz zugeben und noch 1 Minute durchrühren.

Während der Teig in der Küchenmaschine geknetet wird, die übrigen Zutaten vorbereiten: Die weiche Butter mit je etwas Zitronen- und Orangenabrieb, dem Vanillemark und 1 Prise Zimt aromatisieren. Zum Teig geben und alles weitere 7 Minuten in der Küchenmaschine kneten, sodass der Teig am Ende schön glatt und elastisch ist und nicht klebt.

Den Teig aus der Rührschüssel nehmen und auf eine Arbeitsfläche legen, dann dreimal dehnen und falten, sodass eine Kugel entsteht. In eine Schüssel legen, die mindestens dreimal so groß ist wie die Teigkugel: Sorgfältig mit Frischhaltefolie oder einem Geschirrtuch abdecken, damit keine Luft drankommt. Nach jeweils 15 Minuten den Vorgang des Dehnens und Faltens noch zweimal wiederholen. Anschließend den Teig abgedeckt bei Zimmertemperatur gehen lassen, bis sich sein Volumen

Zutaten für 8 Stück à 80 g

Für den Vorteig (biga):

30 g zimmerwarme frische Vollmilch
5 g Trockenhefe (im Sommer 3 g)
60 g backstarkes Mehl, Type 0, oder Manitoba-Mehl

Küchenmaschine

Für den Teig:

100 ml zimmerwarme frische Vollmilch
270 g backstarkes Mehl, Type 0, oder Manitoba-Mehl
55 g Zucker
10 g Akazienhonig
45 g Bio-Eigelb (von 3 Bio-Eiern)
25 g Aprikosenkonfitüre
6 g Salz
40 g zimmerwarme Butter
Zitronenabrieb
Orangenabrieb
1 Löffelspitze Vanillemark (siehe Seite 197)
1 Prise Zimtpulver
1 Bio-Ei

Dies ist eines der gefragtesten Desserts auf der Karte. Mich selbst erinnert es an die Gelegenheiten, wenn wir mit mamma in den Bars der Stadtviertel Monteverde (wo wir wohnten) und Trastevere frühstücken gingen, oft auch mit nonna Lella, bevor wir sie zum Lokal begleiteten.

verdreifacht hat. Die Gehzeit beträgt mindestens 6 Stunden, allerdings hängt die genaue Dauer von der Jahreszeit (Winter oder Sommer) ab. Nach den 6 Stunden kann man mit der Zubereitung fortfahren oder den Teig im Kühlschrank aufbewahren, maximal 24 Stunden.

Zum Formen der *maritozzi* aus dem Teig kleine, jeweils etwa 80 g schwere Kugeln formen und in die typische Form drücken, das heißt in ein Oval. Diese dann mit jeweils 5 cm Abstand auf ein mit Backpapier ausgelegtes Backblech legen. Die *maritozzi* nun erneut etwa 6 Stunden gehen lassen. Anschließend sollte sich ihr Volumen vervierfacht haben.

Das Ei in einer Schüssel kräftig verquirlen und mit einem Pinsel auf den *maritozzi* verstreichen.

Dann in dem auf 170 °C vorgeheizten Backofen 12 Minuten goldgelb backen, herausnehmen und abkühlen lassen.

Die Sahne in einen hohen Behälter gießen und mit dem elektrischen Handrührgerät aufschlagen. Währenddessen nach und nach den Zucker einrieseln lassen. Damit die Sahne sich schön steif schlagen lässt, sollten sowohl der Behälter als auch die Sahne selbst sehr kalt sein.

Abschließend können sie aufgeschnitten und mit der geschlagenen und gezuckerten Sahne gefüllt werden.

Für die geschlagene Sahne zum Füllen:

1 l Schlagsahne
100 g weißer Zucker

Gelato Sora Lella
(Eis-Variation des traditionellen Ricotta-Kirsch-Kuchens)

Gelato Sora Lella

Zutaten für 500 g Eiscreme

2 g Johannisbrotkernmehl (im Internet oder in Bioläden erhältlich)
90 g Zucker
135 g frische Vollmilch
15 g Kondensmilch
50 g Schlagsahne
20 g Bio-Eigelb (1 großes Bio-Ei)
4 g Sambuca (Anislikör)
190 g Ricotta Romana (aus Schafsmilch)
Ersatzweise ein anderer guter Ricotta aus Schafsmilch

Für das Kirschcoulis:
375 g entsteinte Sauerkirschen
125 g Zucker
frisch gepresster Zitronensaft

Eismaschine

In einem Messbecher das Johannisbrotkernmehl und den Zucker mit dem Schneebesen mischen. Dann alle Zutaten außer dem Ricotta in dieser Reihenfolge einrühren: Zunächst die Vollmilch, dann die Kondensmilch, die Sahne, das Eigelb, den Sambuca. Das Ganze mit einem Stabmixer 3 Minuten gründlich verquirlen und dann in eine Stielkasserolle gießen. Unter ständigem Rühren auf 75 °C erhitzen und sobald sich am Rand die ersten Bläschen zeigen, den Topf vom Herd nehmen.

Den Ricotta in den Messbecher geben und mit einem Schneebesen cremig rühren. Den noch warmen Topfinhalt dazugießen und alles einige Minuten mit dem Stabmixer sorgfältig vermischen.

Die Mischung im Kühlschrank erkalten lassen. Wenn sie kalt ist, erneut mit dem Pürierstab mixen, dann in der Eismaschine 20–25 Minuten zu Eis verarbeiten. Wenn die richtige Konsistenz erreicht ist (also die Masse so cremig ist, dass das Eis am Löffel hängen bleibt, wenn man ihn nach unten dreht).

Für das Kirschcoulis alle Zutaten sowie 50 ml Wasser in eine Pfanne geben und auf niedriger Stufe unter gelegentlichem Rühren köcheln lassen, bis die Masse leicht eingedickt ist. Das dauert nach dem ersten Aufkochen etwa 5 Minuten.

Das Coulis in einen Behälter umfüllen und abkühlen lassen. Bis zur Verwendung im Kühlschrank aufbewahren.

Das Eis in Schalen füllen und mit zerbröseltem Mürbeteig und Kirschcoulis garniert servieren. (siehe Rezept Seite 211)

Anstelle des Kirschcoulis kann man auch eine hochwertige Sorte eingelegte Sauerkirschen verwenden – oder auch selbst eingelegte.

Schoko-Keks-Wurst

Salame di cioccolato

Die Kekse von Hand in nicht zu kleine und nicht zu große Stücke zerbröseln und in eine Schüssel geben.

Die Eier mit dem Zucker in einer Edelstahlschüssel mit dem Schneebesen verquirlen und die Masse im Wasserbad auf 70 °C erhitzen (bis sie gerade schaumig wird), sodass die Eier pasteurisiert werden. Die weiche Butter zugeben und mit dem Schneebesen oder mit dem elektrischen Handrührgerät untermischen. Wenn die Masse schön schaumig ist, die Schüssel mit dem Topf vom Herd nehmen und abkühlen lassen.

Die Schokolade zerkleinern und in einem kleinen Topf im Wasserbad schmelzen lassen. Dabei sollte kein Wasser in die Schokolade gelangen, da diese sonst kristallisieren würde, wodurch es fast unmöglich würde, die Schokolade zu einer homogenen Masse zu schmelzen. Die geschmolzene Schokolade vom Herd nehmen, leicht abkühlen lassen und zur lauwarm gewordenen Masse aus Eiern, Zucker und Butter geben.

Die Zutaten mit einem Teigschaber glatt rühren. Dann das Kakaopulver zugeben und alles sorgfältig zu einem dickflüssigen, cremigen Teig verarbeiten. Zum Schluss den Likör einrühren.

Die Masse in die Schüssel mit den zerbröselten Keksen umfüllen und mit einem Teigschaber vermengen. Den Teig zu einer länglichen Rolle formen und auf ein Stück Frischhaltefolie legen. Zu einer kompakten Wurst rollen und fest in die Frischhaltefolie einwickeln, sodass sie außen schön glatt wird. Die Wurst an den Seiten wie ein Bonbon verschließen und etwa 3 Stunden im Kühlschrank fest werden lassen. Vor dem Servieren die Folie abziehen und die Wurst mit Puderzucker bestäuben. In Scheiben schneiden, auf einer Platte anrichten, mit noch mehr Puderzucker und nach Belieben mit Nusskrokant bestreuen und zum Servieren Karamellsauce dazureichen. siehe nächste Seite!

Zutaten für 1 Schokowurst von etwa 1 kg

280 g Mürbeteigkekse
4 Bio-Eier
230 g Zucker
170 g zimmerwarme Butter
70 g Zartbitterschokolade
(60–70 % Kakaogehalt)
130 g Kakaopulver (nicht alkalisiert)
Naturbelassener, nicht alkalisierter Kakao ist bitterer im Geschmack. Der behandelte ist geschmacklich runder und ausgewogener, aber bei manchen Dingen ist das Bittere gerade gewünscht!

1 EL Kaffeelikör
(nach Belieben)
Puderzucker
Nusskrokant

Für die Karamellsauce:
250 g Zucker

In einer beschichteten Pfanne den Zucker unter Rühren erhitzen, bis er beginnt zu schmelzen. Er darf dabei nicht anbrennen. Zum Ablöschen 100 ml kochendes Wasser portionsweise vorsichtig angießen, während die Pfanne weiter auf dem Herd steht. Die Masse mit einem Küchenspatel sorgfältig durchrühren, vom Herd nehmen und lauwarm werden lassen. In ein kleines Einmachglas gefüllt, kann die Sauce bei Zimmertemperatur aufbewahrt werden.

»Ciai ancora fame? Che te voi magna' pure er cibborio?« (Du hast immer noch Hunger? Etwas Süßes zum Schluss passt doch immer, nicht wahr?)

Erdbeersorbet

Sorbetto di fragole »Favetta di Terracina«

Die Erdbeeren mit dem Stielansatz sorgfältig waschen. Dann abtropfen lassen und den Stielansatz entfernen. Die Früchte mit Zucker und Salz in einer Schüssel verrühren und bei Zimmertemperatur 15 Minuten durchziehen lassen. Anschließend mit einem Stabmixer pürieren und wieder 15 Minuten ruhen lassen, dieses Mal im Kühlschrank. Erneut mixen, bis das Püree sehr fein und glatt ist. Wieder in den Kühlschrank stellen und kalt werden lassen.

Die sehr kalte Mischung dann in die Eismaschine füllen und zu Eis verarbeiten. Wenn die gewünschte Konsistenz erreicht ist, in Gläsern servieren.

Zutaten für 4 Personen

380 g Erdbeeren (bei Sora Lella wird die Sorte »Favetta di Terracina« verwendet)
120 g Zucker
1 Prise Salz

Eismaschine

Ricottakuchen

Torta di ricotta

Ergibt 1 Kuchen für 12 Personen

Für den Mürbeteig:

160 g weiche Butter, plus etwas mehr für die Form
90 g Zucker
2 Bio-Eier
1 Prise Salz
Abrieb von ½ Bio-Zitrone
370 g Weizenmehl, Type 00 (ersatzweise Type 405), plus etwas mehr für die Form
6 g Backpulver

Für die Füllung:

1,4 kg Ricotta (aus Schafsmilch)
20 g Sambuca (Anislikör)
1 Bio-Ei
220 g Zucker
250 g Sauerkirschkonfitüre

Küchenmaschine

Am besten geeignet ist für diesen Kuchen eine Obstbodenform mit herausnehmbarem Boden von 28 cm Durchmesser und einem 3,5 cm hohen Rand (diese Maße passen zu den Mengenangaben).

In einer Schüssel die weiche Butter sorgfältig mit dem Zucker verrühren. Dann die Eier, das Salz und den Zitronenabrieb einrühren.

Das Mehl mit dem Backpulver auf die Eiermasse sieben und rasch einarbeiten, bis eine glatte Teigmasse entsteht. Mit Frischhaltefolie abgedeckt 30 Minuten im Kühlschrank ruhen lassen.

Für die Füllung den Ricotta in einem gelöcherten Gefäß im Kühlschrank 2–3 Stunden abtropfen lassen (frischer Ricotta wird meist in einem solchen Gefäß verkauft): Er sollte einen Teil der Molke verlieren, aber nicht alles, sonst würde er beim Backen zu trocken. Den abgetropften Ricotta in die Rührschüssel der Küchenmaschine geben und bei mittlerer Geschwindigkeit 15 Minuten durchrühren. Alternativ durch ein Sieb streichen und dann von Hand oder mit einem Handmixer schön glatt rühren. Den Sambuca, das Ei und den Zucker zugeben, alles sorgfältig verrühren und die Masse in den Kühlschrank stellen.

Der absolute Genuss zu diesem Kuchen wäre ein Glas Kirschwein – eine echte Offenbarung, wenn man ihn bislang noch nicht kannte …

Für die Fertigstellung:

1 Bio-Ei, verquirlt
Puderzucker zum Garnieren
eingelegte Sauerkirschen zum Garnieren

Den Backofen auf 200 °C Umluft vorheizen. Die Kuchenform mit Butter einfetten und mit Mehl bestäuben. Den Mürbeteig aus dem Kühlschrank nehmen und auf einer Arbeitsfläche zu einer runden, etwa 1 cm dicken Scheibe ausrollen, die so groß ist, dass sie den Boden der Form bedeckt und etwa 2 cm über den Rand hinausreicht. Außerdem für das Gitter aus dem Teig sechs 1 cm breite Streifen schneiden. Den ausgerollten Teig in die Form legen (das geht gut, wenn man ihn auf die Teigrolle aufrollt und in die Form hinein wieder abrollt). Den Teig am Boden und am Rand gut andrücken und mit einer Gabel mehrfach einstechen.

Auf dem Teigboden nun zuerst die Sauerkirschkonfitüre verstreichen. Dann, von der Mitte ausgehend, den Ricotta so darauf verteilen, dass er in der Mitte etwas höher ist und am Rand eben.

Den am Rand überstehenden Teig nach innen legen. Mit den Teigstreifen den Kuchen gitterförmig dekorieren. Zum Schluss mit den Zinken einer Gabel den Rand ringsum andrücken.

Sowohl den Teig als auch den Ricotta mit dem verquirlten Ei bestreichen und sofort in den Ofen schieben, damit der Mürbeteig nicht zu viel Feuchtigkeit aufnimmt. 10 Minuten backen, dann auf 180 °C reduzieren und weitere 20 Minuten backen.

Aus dem Ofen nehmen und etwa 1 Stunde bei Zimmertemperatur abkühlen lassen. Den Kuchen vor dem Servieren für mindestens 4 Stunden in den Kühlschrank stellen.

Zum Anrichten in Stücke schneiden, mit Puderzucker bestreuen und mit eingelegten Sauerkirschen garniert servieren.

RATELLI BRANCA
DISTILLERIE · MILANO

Aus dem Lyrikband STATI D'ANIMO von Aldo Trabalza (1992)

Le mie ragioni

La 1ª: La tenerezza

Alla ricerca dell'araba fenice è
a volte illuminato da
sprazzi di luce violenta.
Sempre malleabile, dona
amore a chi lo chiede.
Il suo animo non nega
aiuto, le sue mani bucate
dalla generosità cercano suture
per chiudere quei buchi che non
si chiuderanno mai.

Papà a Mauro

La 2ª: Il mio orgoglio

L'andirivieni
della tigre
con gli occhi sbarrati,
l'incomprensibile suo sguardo,
il fuoco che divora la sua anima,
le sue pretese, le sue sentenze
io le comprendo.
Ma spesso, la sua sicurezza
vacilla e trova aiuto solo
in me...
Allora mi sento orgoglioso.

Papà a Renato

La 3ª: La passione

Lacrime dolci
e non salate
versa ascoltando
i ricordi sofferti del suo sangue.
E mi carezza il vino;
e mi bacia e mi guarda
con due gemme che emanano
luce appassionata.
E avvolge il mio ego
rimarginando le ferite
della mia mente.

Papà a Simone

La 4ª: La dolcezza

Il tuo sguardo
chiaro e fresco, come
l'acqua di un torrente
montano pulisce le rocce
e le fa brillare al sole,
come brilla la tua lealtà.
Dolce come un nettare
pregno di un'ingenua
tua sorte all'erta
mi fa stare.

Papà a Elena

G

H

I

K

R

GRAZIE

Papà Amleto (Aldo), der all dies ermöglicht hat, *nonna* Lella, zu der es nichts weiter zu sagen und zu ergänzen gibt, *mamma* Renata, die immer für uns da war.

An unser Personal in der Küche und im Service, das dieses Buch ermöglicht hat, aber auch an das Personal, das in all diesen Jahren die Geschichte der Trattoria mitgeprägt hat.

An alle Lieferanten, die uns seit Jahren mit Leidenschaft und Sorgfalt begleiten, ohne die unsere Küche nicht die wäre, die sie ist. Carmine Orelli von der Metzgerei Orelli, Maurizio Cilia und sein Mitarbeiter Fabio Capricci von Galline Felici, Giuseppe Troiani von der Azienda Agricola Carciofi Romaneschi srl, Fabrizio Siciliani von der gleichnamigen Azienda Agricola für seine *peperoni di Pontecorvo*, Vitaliano Bernabei von Il Norcino di Marino; Bruno Pitzalis von der Azienda Gennargentu Formaggi von Anguillara Sabzia, Caseificio Pacitti in Picinisco (Provinz Frosinone).

An unsere der Trattoria so zugeneigten Gästen, die immer im Zentrum all dessen stehen, was wir tun.

Danke an Francesca Romana Barberini, die die Idee zu diesem Buch hatte, die an uns geglaubt hat. Danke für all die Sorgfalt und die Zuneigung, die du der Geschichte unserer Familie entgegengebracht hast.